N.O.
N.W.
W.
S.W.
S.O.
Exercier Platz
Unter den Linden
Charlottenburger
Chaussee
Siegesallee
Thiergarten
Moabit
Spree
Landsberger
Frankfurter
Schlacht
Central
Bhf. Weissensee
Bhf. Landsberger Allee
Bhf. Prenzlauer Allee
Bhf. Schönhauser Allee
Bhf. Gesundbrunnen
Bhf. Putlitzstr.
Bhf. Beusselstr.
Stettiner Bhf.
Charité
Potsdamer
Anhalter
Görlitzer Bhf.
Bhf. Treptow
Warschauer Str.
Schles. Güter Bahnhof
Rudolf Virchow Krankenhaus

# Charlottenburg
# Band I

## Charlottenburg in königlicher und kaiserlicher Zeit

### Die reichste Stadt Preußens

St. Hubertus
Clemens-Maria Peuser & Michael Peuser

Redaktion: Rembert Peuser
Druck: Printec GmbH, Kaiserslautern
www.printec-media.de

St. Hubertus
C.P. 21.194
São Paulo S.P.
04602-970
Brasilien
e-mail: mpeuser@hotmail.com
Bestellungen: bestellung@michaelpeuser.de
Homepage: www.michaelpeuser.de

Ein brasilianisches Buch in Deutscher Sprache

Made in Germany

ISBN 3-00-014695-4

Der Bildband I

Charlottenburg
in königlicher und kaiserlicher Zeit
ist unserem Vater
Andreas Robert Arthur Peuser
gewidmet.

1890 in Jüterbog geboren, kam er 1904 zur Oberschule nach Charlottenburg,
wo er die "Concessionierte Katholische Präparanden-Anstalt" 1907 absolvierte.
Nach dem 1. Weltkrieg kehrte er 1923 nach Charlottenburg zurück,
heiratete, gründete eine große Familie und blieb diesem Ort danach lebenslang treu.

Wir danken Frau Ilse Grantsau, und
dem Heimatmuseum besonders
Frau Birgit Jochens und Frau Sonja Miltenberger
sowie unserer Schwester Christa Pilz,
die die mühselige Arbeit der Durchsicht
der Bildtexte übernommen hatten,
und unserem Bruder Rembert Peuser,
der als Lektor diese Arbeit leitete und die Schlußredaktion übernahm.
Dank an Patricia Peuser für ihre fachliche Beratung
und Hinweise zur Architektur.
Bezirksbürgermeisterin von Berlin Charlottenburg-Wilmersdorf
Frau Monika Thiemen
danken wir für das besondere Vorwort.

# Grußwort

Am 5. April 1705 ließ König Friedrich I. zu Ehren seiner wenige Wochen zuvor verstorbenen Gattin Sophie Charlotte das Schloss Lietzenburg und den zugehörigen Ort in Charlottenburg umbenennen und befahl, eine Stadtrechtsurkunde auszufertigen. Sich selbst setzte er zum ersten Bürgermeister der neuen Stadt ein, die allerdings vorerst nur aus wenigen Häusern von Hofbediensteten bestand und sich auch nach der Eingemeindung des Dörfchens Lietzow 1720 nur sehr langsam entwickelte.

200 Jahre später, im Jahr 1905, machten sich die Bürgerinnen und Bürger der inzwischen reich gewordenen Stadt selbst ein großes Geburtstagsgeschenk und weihten ihr neues Rathaus an der damaligen Berliner Straße (heute Otto-Suhr-Allee) ein. Sie hieß "Berliner Straße", weil sie von Charlottenburg nach Berlin führte – und zwar über die Charlottenburger Chaussee (heute Straße des 17. Juni), die umgekehrt von Berlin nach Charlottenburg führte – und zwar vom Brandenburger Tor durch den Tiergarten bis zum Charlottenburger Tor.

Nach der Einweihung des Rathauses allerdings wollte Kaiser Wilhelm II auf dem Weg von seinem Berliner Stadtschloss zum Schloss Charlottenburg diesen Weg nicht mehr benutzen, weil der Rathausturm die Kuppel des nahe gelegenen Schloss Charlottenburg überragte. Der Charlottenburger Bürgerstolz war ihm nicht genehm.

Auf dem weiten Weg von der königlichen Residenz zur reichsten Stadt Preußens und schließlich zum Berliner Bezirk hatte die immer selbstbewusster werdende Stadt Charlottenburg ein durchaus ambivalentes Verhältnis zu den preußischen Herrschern. Nachdem Kaiser Wilhelm II die Werke der modernen Maler der Berliner Secession als "Rinnsteinkunst" abqualifiziert hatte, eröffnete die Secession unter Max Liebermann und Walter Leistikow ihr Ausstellungshaus unweit der soeben pompös eingeweihten Kaiser-Wilhelm-Gedächtniskirche am Charlottenburger Kurfürstendamm, der sich gerade von einem Knüppeldamm zum modernen Boulevard des Berliner Westens entwickelt hatte.

Seit der Gründung des Kaiserreichs 1871 bis zum Ersten Weltkrieg 1914 entwickelte sich Charlottenburg geradezu explosionsartig zur Großstadt. Damals entstand der Berliner Westen, der in den 20er Jahren als "City-Filiale" bezeichnet wurde und nach dem Zweiten Weltkrieg in West-Berlin als "Schaufenster des Westens" die City-Funktion übernahm. Seit dem Fall der Mauer und der Wiedervereinigung Berlins hat Berlin endlich wieder seine beiden Zentren: die alte Mitte und die neue City West. Die produktive Konkurrenz dieser beiden Citys macht die große Anziehungskraft Berlins aus.

Wenn wir im Jahr 2005 das Jubiläum "300 Jahre Charlottenburg" feiern, dann erinnern wir an eine große Tradition, an die Geschichte der Stadt, die 1920 als Bezirk nach Berlin eingemeindet und schließlich 2001 gemeinsam mit Wilmersdorf zum westlichen City-Bezirk Berlins wurde. Wir erinnern an eine Tradition, aus der sich für die Berliner Zukunft große Potentiale ergeben.

Ich freue mich, dass dieses Buch gerade rechtzeitig zu unserem Jubiläum erscheint. Ich danke den Brüdern Clemens-Maria und Michael Peuser, von denen der eine als leidenschaftlicher Sammler und der andere als Autor und Herausgeber dieses Buch gestaltet haben. Beide sind offensichtlich als leidenschaftliche Lokalpatrioten mit ihrem Charlottenburg verbunden. Es ist ein großes Glück, dass sie nun in einem ersten Band beginnen, die Postkartensammlung von Clemens-Maria Peuser, einen wahren Schatz, öffentlich zugänglich zu machen. Sie bieten uns Leserinnen und Lesern damit einen faszinierenden Blick auf die Charlottenburger Geschichte. Ich bin gespannt auf die nächsten Bände.

Mit freundlichen Grüßen

Monika Thiemen

Monika Thiemen
(Bezirksbürgermeisterin von Berlin Charlottenburg-Wilmersdorf)

# Vorwort

Bundespräsident Horst Köhler hat nach seiner Wahl am 23. Mai 2004 folgende Worte in seine Rede vor der Bundesversammlung eingeflochten: „Nach sechs Jahren im Ausland kehre ich mit einem Gefühl von Freude und Dankbarkeit in meine Heimat zurück. Deutschland hat mir viel gegeben, davon möchte ich etwas zurückgeben. Ich liebe unser Land".

Bei den meisten Menschen, die lange Zeit nicht in der Heimat leben, verstärkt sich die Liebe zu ihrem Land und ihrer Stadt. Je entfernter man seiner Heimat lebt, desto mehr lernt man zu schätzen, werten und lieben, was Bodenständigen völlig selbstverständlich und oft nicht bewußt ist. 24 Jahre lebte ich seit meiner Geburt im Jahre 1943 in Charlottenburg, bevor mich die Firma Schering AG nach Brasilien entsandte, wo ich nun seit 36 Jahre aktiv bin. Mit Charlottenburg blieb ich jedoch, auf Grund eines schönen Hobbys meines Bruders Clemens-Maria Peuser, stets verbunden. Seit Jahrzehnten sammelt er Postkarten unseres Heimatbezirkes. Er reist durch ganz Deutschland zu den Postkartenbörsen und verfügt heute wahrscheinlich über die umfangreichste Sammlung zum Thema Charlottenburg. Von seinen Fundstücken schickte er stets je eine Kopie an das Charlottenburger Heimatmuseum und an mich. So füllten sich bei mir in Brasilien Ordner um Ordner mit diesen wertvollen geschichtlichen Zeitdokumenten und ich konnte dadurch Charlottenburg immer besser kennenlernen.

Als 2002 mein Bruder Rembert seinen 70. Geburtstag feierte und aus diesem Anlaß zu einem großen Familientreffen in Charlottenburg einlud, mietete er einen BVG-Doppeldeckerbus für eine private Stadtrundfahrt. Obwohl ich mehr als 3 Jahrzehnte in Übersee wohne, fiel mir die Aufgabe während der Rundfahrt der Stadtführer zu sein, der alles per Mikrophon erklären sollte, zu. Alle Einheimischen dieser Familien-Stadtrundfahrt waren überrascht über meine Detailkenntnisse. Ich bemerkte, daß das Wissen um die eigene Stadt unzureichend und oberflächlich war. Nur wer etwas entbehrt, weiß zu schätzen, sieht mit anderen Augen und achtet auf jedes Detail. So entstand die Idee, die interessante und umfangreiche Sammlung meines Bruders Clemens-Maria zu nutzen, um mehrere Bildbände mit jeweils 200 Großphotos dieser Postkarten oder Bilder mit entsprechenden erklärenden Texten herauszugeben.

Die 300-Jahrfeier Charlottenburgs im Jahre 2005 soll dafür der Anfang sein. Die Bildbände sollen zum Aufbau einer Sammlung im Zweijahresabstand jeweils im November erscheinen. An Themen sind geplant:

Band 1 November 2004, Charlottenburg - in königlicher - und kaiserlicher Zeit, die reichste Stadt Preußens.
Band 2 November 2006, Charlottenburg - zwischen den beiden Weltkriegen
Band 3 November 2008, Charlottenburg - ein Ruinenfeld
Band 4 November 2010, Charlottenburg - City des freien Berlins
Band 5 November 2012, Charlottenburg - Stadtteil im Berlin ohne Grenzen.

Charlottenburg eine kleine königliche Residenzstadt erlebte in der Kaiserzeit zwischen 1871 und 1918 einen unvorstellbaren Aufschwung, eine Metropole entstand auf märkischen Sand. Weitvorausschauende Planung ließ eine Stadt mit breiten Strassen, gepflegten Bürgersteigen, herrlichen Wohngebäuden und Grünanlagen mit einem gut ausgebauten Verkehrsnetz und vorbildlicher städtischer Verwaltung entstehen.

Dieser Bildband kann natürlich nicht alle Winkel von Charlottenburg wiedergeben. Die zahlreichen Industriebetriebe wurden nicht mit eingeschlossen. Es ging hauptsächlich darum einen Einblick in die damals noch selbstständige und bürgerliche Stadt Charlottenburg, die auf Grund ihrer Steuereinnahmen zur reichsten Stadt Preußens und wahrscheinlich auch des ganzen Kaiserreiches aufstieg, zu geben. Die Stadt wurde Magnet für den Zuzug der Eliten aus ganz Deutschland und viele der international anerkannten Spitzenvertreter aller Wissenschaften und Künste konnten hier Heimat finden. Neue Ideen und Werke strahlten von Charlottenburg aus und, wer mitreden wollte, kam nach Charlottenburg.

Jetzt möchte ich Sie herzlich einladen zu einem Spaziergang durch das königliche und kaiserliche Charlottenburg. Arbeiten Sie sich ein in diese historischen Postkarten. Nehmen Sie ein Vergrößerungsglas zur Hand. Sie können die Bilder noch besser erkennen und diese Zeitepoche entdecken. Sie werden merken, daß Charlottenburg schon damals eine großartige Stadt war und man spürt, daß in Charlottenburg das Herz von Deutschland schlägt.

Gerade jetzt zur 300-Jahrfeier von Charlottenburg ist es eine besondere Freude und Ehre, daß der höchste Repräsentant der Bundesrepublik Deutschland, Bundespräsident Horst Köhler, nicht nur über eine Eigentumswohnung in Charlottenburg verfügt, sondern während der Renovierung des Schlosses Bellevue, seinem Amtssitz, das Schloß Charlottenburg wieder mit staatlichem repräsentativen Leben erfüllt. So spannt sich der Bogen der 300-jährigen Geschichte Charlottenburgs, die mit der Hofhaltung des Souveräns des Königreiches Preußens im Schloß Charlottenburg begann und nun mit den großen Staatsempfängen des Staatsoberhauptes Deutschlands, vom Bundespräsidenten Horst Köhler, fortgesetzt wird.

Ich wünsche allen Lesern und Betrachtern dieses Bildbandes eine angenehme Reise in eine vergangene Epoche, die mithelfen kann, das Bewußtsein für den wahren Reichtum unseres Landes zu stärken, und die Heimatkunde bildlich und textlich näher zu bringen. Eine Zukunft baut sich immer auf Vergangenheit auf und der Charlottenburger von heute kann mit berechtigtem Stolz auf das Erbe der Stadterbauer aus der königlichen und kaiserlichen Zeit zurückblicken.

Michael Peuser
São Paulo/Brasilien
mpeuser@hotmail.com

## Bitte um Mitarbeit

Allen, die zum Gelingen dieses und der folgenden Bildbände beigetragen haben bzw. beitragen möchten, sei herzlich gedankt. Für die kommenden Bildbände, besonders für den Band 3 Charlottenburg - ein Ruinenfeld (1939-1949) werden interessante Postkarten und auch Photos gesucht. Aufnahmen von Ruinen, Löscharbeiten, Lorenzügen in den Straßen, Notbehelfe, Verkehrsprobleme, zerstörte Brücken, Schuttbeseitigung, Trümmerfrauen, Schlange stehen, Lebensmittelkarten, usw.. Wer entsprechende Dokumente hat und diese zur Verfügung stellen möchte, wird gebeten diese an

Clemens-Maria Peuser
Welfenstr. 28
73630 Remshalden

zu senden. Für jede zur Veröffentlichung in einem dieser Bildbände eingesandten Postkarten oder Photos erhält der Einsender als Prämie einen Gutschein für einen Bildband dieser Serie nach Wahl. Ebenfalls herzlich willkommen sind Überlassungen von sonstigen Postkarten, Photos oder historischen Unterlagen von Charlottenburg. Gut wäre, wenn historischen Unterlagen nicht verloren gehen, sondern der Nachwelt weitergegeben werden können.

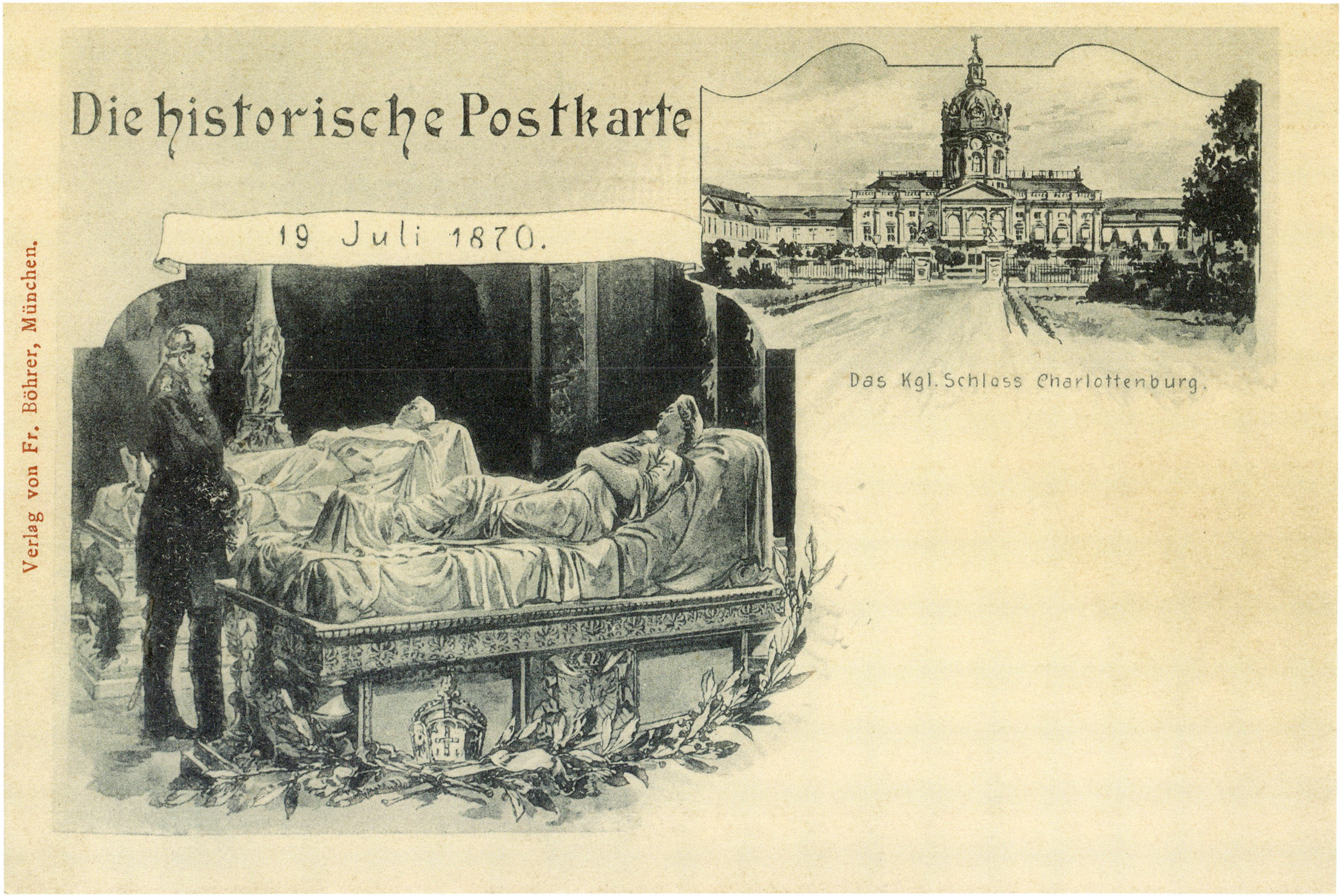


Am 19. Juli 1870 überreichte der französische Geschäftsträger Le Sourd dem Bundeskanzler des Norddeutschen Bundes, Graf von Bismarck-Schönhausen, die Kriegserklärung des Kaisers Napoleon III.. Am gleichen Tag begab sich Wilhelm I., König von Preußen, ins Mausoleum im Schloßpark Charlottenburg, um Zwiesprache am Sarkophag seiner Eltern zu halten.

Dieser Krieg bewirkte die lang ersehnte Einigung Deutschlands, jedoch ohne Österreich und beendete die kaiserlose Zeit (1806-1871). Vor 1871 bestand Deutschland aus fünfundzwanzig Einzelstaaten: neun Königreiche, sechs Großherzogtümer, sieben Fürstentümer und drei freie Städte. Es entstand das Zweite Deutsche Kaiserreich unter Preußens Führung. Der König von Preußen aus dem Hause Hohenzollern wurde Deutscher Kaiser. Berlin, die Hauptstadt Preußens und seit 1866 des Norddeutschen Bundes, wurde 1871 Reichshauptstadt.

Das Erste Kaiserreich, (Karl der Große, 800 – Franz II., 1806) war das "Heilige Römische Reich". Es bestand 1006 Jahre und erhielt im 15. Jahrhundert den Zusatztitel "Deutscher Nation". Es wurde in den letzten 450 Jahren (bis 1806) durch die Habsburger von Wien aus regiert. In der ab 1871 folgenden 43jährigen Friedensphase blühte Charlottenburg zur reichsten Stadt Preußens mit dem höchsten Steueraufkommen auf. Aus einer kleinen Residenzstadt wurde im Kaiserreich die wohlhabende Stadt Charlottenburg mit 330.000 Einwohnern.

Kurfürst Friedrich III. von Brandenburg erreichte auf Grund seiner Souveränität in Preußen und seiner Unterstützung des Kaisers des Hl. Römischen Reiches Deutscher Nation in Wien (preußische Waffenhilfe im Spanischen Erbfolgekrieg) die Krönung als Friedrich I., König in Preußen 1701 in Königsberg.

Mit Sophie-Charlottes Tod 1705 erlosch die treibende Kraft für den Schloßbau Lietzenburg. Für den König war es nur ein Projekt unter vielen und nicht sein eigenes. Um seine verstorbene Gemahlin zu ehren, benannte er es um in Schloß Charlottenburg. Eher zögernd als bereitwillig ließ er es fertigbauen. Die von ihm 1705 angeordnete Stadtgründung wurde unzulänglich behandelt und geriet bald wieder in Vergessenheit.

Mit der Thronbesteigung König Friedrich Wilhelm I. im Jahre 1713 traten Sparsamkeit und harte Pflichterfüllung an Stelle höfischer Prunkentfaltung. Die Sparsamkeit führte zur Kulturaskese. Obwohl er das Schloß Charlottenburg vernachlässigte, zeigte sich der König doch am Ausbau des Ortes zur Stadt interessiert. Im Jahre 1717 gab es bereits 180 Wohnstellen in Charlottenburg, davon 57 bewohnt von Künstlern und Handwerkern, 68 von Tagelöhnern und 48 von Auswärtigen.

Die Erinnerungspostkarte der 200-Jahrfeier Charlottenburgs, geschmückt mit den Bildnissen der Stadtgründer König Friedrich I. in Preußen und Königin Sophie Charlotte. Der Philosoph Leibniz dichtete einst:

Ich lag vor kurzer Zeit im Staube noch versteckt
Bis eine Hand, die mehr als irdisch, mich erweckt
Ich Lützen war ein Dorf, bin drauf zur Burg geworden
So daß ich nun mehr steh mit in der Städte Orden.

Was Rom nie hat gehabt, Paris nur einst erblickt,
Das hat des Höchsten Huld mir reichlich zugeschickt.
Ich hielt in meinem Schoß, was jenen nicht könnt werden
Die schönste Königin auf diesem Kreis der Erden.

Es hat des Himmels Schluß dies Kleinod mir entrückt
Drum ward ich zwar betrübt, doch wieder neu beglückt,
Dieweil ein neuer Nam', zugleich ein neues Leben,
Mir mit Charlottenburg zum Denkmal ist gegeben.

Seit 1740 war das Garde du Corps, die königliche Leibgarde, im nördlichen Bereich der Schloßstraße untergebracht. Zu beiden Seiten der Straße wurden auf Anordnung Friedrich II. Wohn- und Stallgebäude errichtet. Den Kasernen hat erst Friedrich Wilhelm IV. mit den beiden 1859 nach Plänen von August Stüler errichteten Eckbauten eine repräsentative Gestalt gegeben. Nach Verlegung des Garde du Corps nach Potsdam im Jahre 1889 wurden die Stülerbauten von einem Bataillon des Königin Elisabeth Garde-Grenadier Regiments Nr. 3 übernommen. Dazu zählte auch ein Speicher für die Verpflegung der Pferde in der Magazinstraße (heute: Neufertstraße) und Exerzier- und Reitplatz am heutigen Klausenerplatz. Diese Einheit kam erstmals nach Charlottenburg zum Wachdienst für Kaiser Friedrich III., der nur 99 Tage regierte im Dreikaiserjahr 1888. Sein Leitspruch war: „Lerne leiden ohne zu klagen!“ Die große Kaserne der ruhmreichen und tapferen Truppe Charlottenburgs war ab 1896 in der Königin-Elisabeth-Straße. Der Truppen- und Straßenname rührt von Königin Elisabeth (1801-1873) her, der Gemahlin König Friedrich Wilhelm IV.. Sie wohnte häufig im Schloß Charlottenburg, das auch zeitweilig ihr Witwensitz war.

Es lebe hoch das Regiment, das sich mit Stolz Königin Elisabeth nennt! Abschiedsphoto der Reserve der 9. Kompanie des Preußischen Königin Elisabeth Garde-Grenadier-Regiments Nr. 3, Dienstzeit 1900-1902. Im Hintergrund das Schloß Charlottenburg. Sophie Charlotte, die Gemahlin des Kurfürsten Friedrich III., hat den ab 1695 nach Plänen von Oberbaudirektor Arnold Nering errichteten landhausartigen Kernbau und den von Siméon Godeau angelegten Garten als Sommerresidenz und "Musentempel" genutzt. Nach ihrem Tode ließ der Kurfürst in neuer Königswürde die Anlage durch den schwedischen Architekten Eosander von Göthe erweitern. Durch die Verbindung des nun durch einen Kuppelturm mit der Skulptur der Fortuna herausgehobenen Hauptbaues mit den vorstehenden Seitengebäuden entstand eine Dreiflügelanlage, die westlich einen weiteren Flügel für die Orangerie erhielt. Den Ostflügel des Schlosses hat Baumeister Georg Wenzeslaus von Knobelsdorff unter Friedrich dem Großen angefügt.

Denkmal zu Ehren von Prinz Albrecht von Preußen, geb. am 4.10.1809 in Königsberg, vierter Sohn Friedrich Wilhelms III., ruhmreicher Kavalleriegeneral in den Kriegen 1866 (Österreich) und 1870/71 (Frankreich), gestorben am 14.10.1872 in Berlin. In zweiter Ehe war er unstandesgemäß mit der zur Gräfin Hohenau erhobenen Tochter des Generals v. Rauch verheiratet. Sein Denkmal blieb die Kriegswirren hindurch unversehrt bis heute erhalten und beherrscht den Blick, vom Charlottenburger Schloß aus gesehen, die breite Mittelpromenade der Schloßstraße in Richtung Sophie-Charlotte-Platz. Die Schloßstraße, bereits seit 1701/02 vorhanden, wurde anfangs auch "Breite Straße" oder "Große Allee" genannt. Am 30.5.1892 wurde sie in Schloßstraße umbenannt. Unter Hausnummer 2a befand sich hier Charlottenburgs erstes Rathaus, errichtet nach Plänen von Freiherr Obrist, General, Quartiermeister und erstem Baudirektor Johann Friedrich von Eosander, genannt von Göthe, ein gebürtiger Schwede, Hofbaumeister des Königs Friedrich I. in Preußen.

Das stattliche Gebäude der königlichen Hof-Kammer (heute nicht mehr vorhanden) wurde von dem Schweden Johann Friedrich Eosander von Göthe am Anfang des 18. Jahrhunderts errichtet. Es befand sich als breites Kopfgebäude an der Südseite vor dem Schloß und rahmte den zweiten Hof (heute Parkplatz) als Begrenzungsbau an der Westseite ein. Links im Bild sieht man die Kante des 1859 von August Stüler errichteten Eckbaues des Garde du Corps, das erste Gebäude der Schloßstraße. Heute befindet sich in diesem Gebäude das Antikenmuseum. Zwischen den beiden Gebäuden auf dem Bild befindet sich heute der Spandauer Damm. Diese großzügige Bauweise am Schloß endete am 25.2.1713 mit dem Regierungsantritt von Friedrich Wilhelm I., der als Gegner des höfischen Lebens den Schloßbau in Charlottenburg einstellen ließ. Das Opernhaus vom Schloß schenkte er den Bürgern der Stadt zum Abbruch, um aus dem Material ein Schulhaus zu errichten. Die nötigen Instandsetzungs- und Reparaturarbeiten am Schloß wurden jedoch weiterhin ausgeführt.

Die Charlottenburger Kinder wurden anfangs gemeinsam mit den Lietzower Bauernkindern in der Dorfschule unterrichtet. Die ersten Lehrer waren ein Student, dann ein Gastwirt. Beide kümmerten sich nicht viel um den Unterricht, so daß die Kinder wenig lernten. 1706 wurde endlich der Küster Friedrich Strecke aus Großbeeren als Stadtlehrer in Charlottenburg angestellt. Im Königlichen Marstall erhielt er die nötigen Unterrichtsräume zugewiesen. Erst dem Oberpfarrer Dressel verdankt die junge Stadt Charlottenburg ein richtiges Schulhaus. Er ging zu den wohlhabenden Bürgern und bat um einen Beitrag zum Bau eines Schulhauses. Mit dem Geld konnte im Jahre 1786 das erste Charlottenburger Schulhaus in der Kirchstraße 4 (heute: Gierkezeile) errichtet werden. Danach entstand der Stadtentwicklung entsprechend Schule auf Schule. Auf dem Foto die Gemeindeschulen III und IV in der Schloßstraße. 1857 verfügte die Stadt über 10 Klassen mit 710 Schülern und im Jahre 1900 bereits über 416 Klassen mit 18.397 Schülern und 450 Lehrern bei einer Einwohnerzahl von 189 200. Die Anzahl der Schüler pro Klassenraum betrug anfangs 71, sank aber nach und nach bis auf 44 ab. Die Fertigstellung neuer Klassenräume konnte dem schnellen Bevölkerungswachstum einigermaßen gerecht werden.

Einen ersten wirtschaftlichen Aufschwung erlebte Charlottenburg, als der junge König Friedrich II. Charlottenburg zu seiner Residenz wählte. Neben der neuerlichen Anwesenheit des Hofes war es vor allem der Bau des neuen Schloßflügels, von dem die Bürger profitierten. Die Lasten der Bürger wurden aber durch Einquartierungen verschärft, nachdem Charlottenburg 1740 Garnison geworden war. Gegenüber dem Schloß wurden zu beiden Seiten der Schloßstraße zwei Ställe für die Garde du Corps gebaut, von denen der westliche 1800 durch einen Kasernenbau und einen neuen Stall ersetzt wurde. Die heute noch erhaltenen Kasernenbauten Stülers wurden erst zwischen 1855 und 1859 errichtet. Sie rahmen den Beginn der Schloßstraße architektonisch ein, ergänzen und grenzen den Freiplatz vor dem Schloß ab. Auf der Westseite (siehe Bild) wurde in der zweiten Hälfte des 20. Jahrhunderts das Antikenmuseum installiert und auf der gegenüberliegenden Ostseite das ägyptische Museum. Dieses lockte viele Besucher aus aller Welt an, denn neben den bis zu 7000 Jahre alten Kostbarkeiten aus dem alten Ägypten kann man dort eines der berühmtesten Kunstwerke der Welt bewundern: die 3500 Jahre alte Büste der ägyptischen Königin Nofretete.

In der Schloßstraße ehrte der Besitzer eines Restaurants mit dem Namen Hohenzollern, das Haus seines Königs. Königin Charlotte, die Gemahlin von Friedrich I., König in Preußen, wurde nicht nur "die Königin" genannt, sondern auch bald "die philosophische Königin", weil sie für eine Königin ungewöhnlich starke geistige Interessen hatte. Schon immer hatte sie Theater und Musik, vor allem aber prächtige Feste geliebt. Als Königin gab sie wichtige Impulse für die verschiedenen Künste und Geisteswissenschaften. Auch sonst war Charlotte eine großzügige Frau. Ihren beiden türkischen Kammerdienern Aly und Hassan half sie, sich eigene Häuser zu bauen. Sie erließ ihnen einfach die Steuern für ihre Häuser. Das regte den Unternehmensgeist der beiden an. Anderen Baulustigen schenkte sie Grundstücke und dazu ebenfalls 15 Jahre Steuerfreiheit. Natürlich strömten auf diese Weise die Ansiedler nur so herbei. Eine Allee von Bürgerhäusern entstand, die sechzig Meter breit war. Sie reichte vom Schloßhof bis an den Bach, der damals aus dem Lietzensee floß. Diese Allee erhielt den Namen Schloßstraße.

Der quellenreiche Lietzensee hatte in alter Zeit einen Abfluß zur Spree. Der Graben erweiterte sich in der Gegend der heutigen Ecke Hebbel/Schloßstraße (rechts im Bild) zu einem Sumpf. Hier mündete der "Schwarze Graben", der die übelriechenden Abwasser der Südstadt aufnahm und für die Entwässerung sorgte. Zu beiden Seiten des Grabens war der Boden morastig.
Die Schloßstraße führte in diesem Bereich über einen Knüppeldamm. König Friedrich I. hat sich über diesen Knüppeldamm geärgert. Er ließ den Sumpf ausgraben und einen Teich anlegen, in dem Karpfen und Hechte ausgesetzt wurden. Nach einigen Jahren war er so reich an Fischen, daß ein einzelner Fischzug 41 Zentner Karpfen und 5½ Zentner Hechte einbrachte. Im Laufe der Zeit verschlammte der See. Es entstand eine Wiese. Als die Bebauung begann, rammte man Baumstämme in den Schlamm, um den Häusern Halt zu geben. Aber es nützte nichts. Die Häuser neigten sich und drohten einzustürzen. Dann begann man bis zu 15 Meter lange Betonsäulen in den Schlamm zu rammen, bis sie auf festen Boden trafen.
Beim Bau der U-Bahnlinie 7 wurde das Grundwasser abgesenkt. Die Wände der Häuser im sogenannten "Nassen Dreieck" bekamen Risse. Daraufhin wurden diese Häuser abgerissen.

Der neuere Teil der Schloßstraße, der erst nach der Beseitigung des Karpfenteiches entstand, hatte nicht mehr die Breite des historischen Teils dieser Prachtstraße mit der breiten Mittelpromenade. Dieser Teil zwischen der Knobelsdorffstraße und dem Sophie-Charlotte-Platz hat zwar einen überbreiten Bürgersteig, aber außer der einen Reihe Bäume an jeder Bordsteinkante kein weiteres Grün. Dieser Teil hatte nicht mehr das, was die Schönheit des älteren Teils der Schloßstraße ausmacht. Die Gruppe von sieben einfachen Mietshäusern ist flankiert von einem hochherrschaftlichen Gebäude am Sophie-Charlotte-Platz und einem besseren Mietshaus links im Bild. Hier sieht man, daß die besseren Häuser eine höhere Zimmerdecke hatten im Gegensatz zu den einfachen Mietshäusern. Warum die einfachen Mietshäuser in der Kaiserzeit in der vierten Etage keinen Balkon hatten, scheint eine weitere Klassifizierung darzustellen. Hatten die Bürger, die stets vier Etagen zu Fuß die Treppen hochsteigen müssen, keinen Anspruch auf einen Balkon?

Dieses architektonisch sehr schöne Gebäude steht am Ende der breiten Schloßstraße an der Ecke zur Knobelsdorffstraße, benannt zu Ehren von Georg Wenzeslaus Freiherr von Knobelsdorff, Baumeister von Friedrich dem Großen. Er baute das Opernhaus in Berlin, das Schloß Sanssouci und den Ostflügel des Schlosses Charlottenburg. Auf der linken Bildseite sieht man die Verengung der Schloßstraße. Die herrlich breite Mittelpromenade endet hier. An dieser Ecke waren ehemals der Ausläufer des Karpfenteiches und die Verbindung zum Lietzensee. Das Wohnviertel, welches hinter diesem schönen Gebäude des Bildes beginnt, war in der Kaiserzeit um 1890 von mittleren und kleinbürgerlichen Schichten bewohnt. Das erkennt man nicht nur an den Bauten, sondern auch an den Steuern, die pro Familie gezahlt wurden. Lagen die Steuern in den besseren Gegenden bei 32,20 – 87,50 Goldmark, z.B. zwischen dem Steinplatz und Kurfürstendamm, so lagen diese hier bei 7,50 Goldmark.

Im Charlottenburg der Jahrhundertwende wurden die Schüler zu Vaterlandsliebe, Gehorsam und Pflichterfüllung und auch einer am Gymnasium klassisch fundierten Humanität, den Prinzipien von Pietät, Gottesfurcht und Wahrheit erzogen. Am Ende der 43-jährigen Friedenszeit hatte das Wachstum des Schulwesens in Charlottenburg sein Maximum erreicht. Die damals erreichte Zahl von 35 Gemeindeschulen, die im Jahre 1916 28.109 Schüler und Schülerinnen unterrichteten, wurde nicht mehr überschritten. Die Schülerzahl war ab 1916 rückläufig. Charlottenburg hatte verschiedene Schulrichtungen im Angebot. So gab es unter anderen eine Freiluftschule (im Sommer), eine Waldschule im Grünen, eine Gewerbeschule, eine Mädchenfortbildungs- und Haushaltungsschule, eine Bürgermädchenschule neben den zahlreichen normalen Gemeindeschulen, wie auch hier im Bild die Städtische Ober-Realschule. Einige Schulen verfügten über sehr eindrucksvolle Gebäude.
Auf dem Bild sieht man im Vordergrund die U-Bahnausgänge der Station Sophie-Charlotte-Platz. Damals lagen diese noch jeweils auf einem der beiden Randstreifen des Mittelfahrstreifens des Kaiserdammes. Bei der Neugestaltung der Ost-West-Achse wurden sie seitwärts auf die Bürgersteige verlegt.

Blick von der Ost-West-Achse in die Windscheidstraße (links) und die Suarezstraße (Bildmitte). Links heißt die Ost-West-Achse Bismarckstraße und rechts Kaiserdamm. Das schöne Eckhaus auf der rechten Seite ist bis heute erhalten geblieben und zeugt von einer großen Vergangenheit der wohlhabenden Bürger dieser Stadt. Breite Fahrdämme und überbreite Bürgersteige mit gepflegten Anlagen und akkurat gepflanzten Bäumen spiegeln die preußische Ordnung wider. Rechts im Bild sieht man den ursprünglichen U-Bahneingang der Station Sophie-Charlotte-Platz, der später auf den breiten Bürgersteig des Eckhauses verlegt wurde. Am Ende der Suarezstraße erkennt man frontal das Amtsgericht. Auf der rechten Straßenseite befindet sich im mittleren Teil die Feuerwache Suarez. Auf dem Bild sieht man zwei Litfaßsäulen. Diese sind nach dem Drucker E. Litfaß (1816-1874) benannt, der am 5.12.1854 mit dem Berliner Polizeipräsidenten einen Vertrag über "öffentlichen Zettelaushang" an Säulen und Brunneneinfassungen abschloß. Am 1.7.1855 wurde die erste aufgestellt.

Ein Blick in die Suarezstraße, die den Sophie-Charlotte-Platz mit dem Amtsgericht verbindet. Eine wichtige Verkehrsstraße, in der die Straßenbahn fuhr und in der die Feuerwache Suarez beheimat ist. Am linken Ende der Häuserfront sieht man das wuchtige Gebäude an der Ecke Neue Kantstraße, wo sich heute das Jesuitenkloster der Ostdeutschen Provinz und das Gebäude der katholischen Studenten befinden. Nicht nur an der Ecke zur Neuen Kantstraße ist das Eckgebäude mit einem großartigen Turm versehen worden, wie es an Hauptstraßen im Kaiserreich üblich war, sondern man findet auch einen sehr schönen Turmaufsatz an dem Eckgebäude zu einer Nebenstraße, wie hier zur Steifensandstraße, benannt 1908 nach dem Polizeipräsidenten von Charlottenburg, Richard Steifensand. Hier spürt man, daß diese Gebäude für das gehobene Bürgertum gebaut wurden, großräumige Wohnungen mit vielen Zimmern. Auch der Bürgersteig vor den Häusern zeigt die vorausschauende Planung der Stadt Charlottenburg. Zukünftige Generationen werden dankbar dafür sein.

Polizeipräsident Carl Ludwig von Hinckeldey war der Initiator der modernen Berufsfeuerwehr. Die erste Berufsfeuerwehr Charlottenburgs bekam ein speziell errichtetes Gebäude in Lietzow 1888/99. Ihr folgten am 1.4.1897 die Feuerwachen (FW) in der Rankestraße und am 10.10.1907 die sehr großzügige Anlage in der Suarezstraße (hier auf dem Bild zu sehen). Hinckeldey veranlaßte den Bau einer Telegrafenanlage, damit Brand- und Unglücksstellen schneller gemeldet werden. Er ließ auch die ersten Wasserleitungen verlegen. Im Hintergrund der FW Suarez sieht man die Rückfront der Schule der Witzlebenstraße und den Schulhof. Die noch erhaltene FW Rankestraße 10/12, die sogenannte Charlottenburger Ostwache, ein gotischer Bau mit vier großen Toren, war mit ihren Stallungen für die Pferde zur Straße hin zu ihrer Eröffnung eine der modernsten deutschen Feuerwachen überhaupt. Von den Feuerwachen der Kaiserzeit sind die FW Rankestraße und die FW Suarezstraße bis heute voll im Einsatz. FW Lietzow wurde inzwischen geschlossen und dem Malteser-Hilfsdienst zur Verfügung gestellt.

Hier schaut man von der Suarezstraße durch die Steifensandstraße zum Lietzenseepark. Hinter dem letzten Gebäude auf der linken Straßenseite erkennt man das kleine Bootshaus mit Restaurationsbetrieb am Ufer des Sees. Die im Dunst am Horizont liegenden Gebäude sind Kaiserdamm Ecke Sophie-Charlotten-Straße. Die Bäume sind noch jung, die Straße also neu. Obwohl sie für starken Verkehr gebaut wurden, sieht man nur ein einzelnes Fahrzeug auf dem Bilde. Die Bürger gehen noch zu Fuß. Auf dem linken Bürgersteig kommt eine große Kinderschar vom Park zurück.

Die beiden Eckhäuser haben eine Besonderheit. Beide haben die Fenster vom Treppenhaus zur Straße. Meist sind sie zur Hofseite, um mehr Zimmer mit Fenstern zur Straßenfront zu bekommen. Die Fenster dieser Treppenhäuser sind künstlerisch gestaltet mit bunter Bleiverglasung. Die Kunstwerke können von den Anstrengungen beim Treppensteigen ablenken.

Bis in die 1870er Jahre kam die Charlottenburger Schulentwicklung qualitativ über das Niveau der "Bürgerschule" nicht hinaus. Auch die Ausweitung des Schulwesens im Quantitativen, einer Vermehrung von Klassenzahlen, Lehrpersonal und Schulraum, war nicht genügend. Danach gelang es in der sprunghaft wachsenden Großstadt innerhalb weniger Jahrzehnte, ein städtisches Schul- und Bildungswesen aufzubauen, das ein Spektrum aufwies, welches von Hilfsschulen, Gemeinde- und Realschulen über verschiedene Typen von Gymnasien bis hin zu Fortbildungs- und Fachschulen reichte. Mit dem Aufschwung entstanden stattliche Bauten, wie hier die abgebildete Schule in der Witzlebenstraße (Bildmitte), welche damals noch frei ohne Nebenhäuser stand. Ebenso fehlt auf der linken Bildseite noch das Reichskriegsgericht. An der linken Bildecke ist die Schule am Sophie-Charlotte-Platz zu erkennen. Die Kinder im Vordergrund befinden sich im Lietzenseepark, der hier am Parkzugang Witzleben-Platz hieß. Typisch für die Kaiserzeit sind die Matrosenanzüge der Knaben und die großen Hüte der Mädchen.

Am Witzlebenplatz, dem nordöstlichen Ende des Lietzensees, befindet sich das Reichsmilitärgericht, das spätere Reichs-Wirtschafts-Gericht und Kammergericht. Der sich bereits durch die Wahl seines Standortes ausgezeichnete neobarocke Verwaltungsbau entstand 1908 bis 1910 nach einem Entwurf der Geheimen Bauräte Heinrich Kayser und Karl von Großheim und des für die örtliche Bauleitung verantwortlichen Regierungsbaumeisters Seifert. Der Kaiser kam höchstpersönlich zur Einweihung am 2. September 1910. Interessant an diesem Gebäude ist die architektonische Zweiteilung: ein recht nüchtern wirkendes barockähnliches Geschäftsgebäude und ein sich an die Landhausarchitektur erinnerndes Wohnteil, das für die Präsidentenwohnung vorgesehen war.

Auf der gegenüberliegenden Seite der Witzlebenstraße (rechts im Bild) ist die Witzlebenschule mit den drei Frontgiebeln und den Türmen auf dem Dachstuhl zu sehen. Die Witzlebenstraße endet am Kaiserdamm/Sophie-Charlotte-Platz. In weiter Ferne am Horizont schaut der Turm der Luisenkirche hervor.

Einen architektonischen Schmuck für das nördöstliche Ende des Lietzensees und des Lietzenseeparks stellt das Reichsmilitärgericht dar. Der Bau wirkt von weitem wie ein kleines Schloß. Auch die Eckhäuser der Witzleben- und der Steifensandstraße passen gut dazu und runden das Bild ab. Der im Bild zu sehende Teil des Lietzensees war nie eingezäunt, im Gegensatz zu dem Hauptteil des Parks, der jahrzehntelang bei Einbruch der Dunkelheit vom Parkwächter abgeschlossen wurde. Dabei ging er durch den Park und benutzte eine Glocke, um den Spaziergängern und Liebespaaren anzukündigen, daß der Park schließt. Heute wird der Park nicht mehr abgeschlossen.

Der Parkweg im Bild hat eine ausgezeichnete Beleuchtung und wurde auch abends als Gehweg benutzt. In diesem Parkteil liegt ein großer Findling, der von der Eiszeit herrühren soll.

Werner von Siemens schrieb 1857 über den Lietzensee an seine Frau: „Der Garten liegt an einem mit Linden besetzten Bergabhang, ist groß, die Südseite grenzt an ein Feld, im Norden Wasser, im Osten der Abhang und am Fuß ein Teich mit einer dazugehörigen Privatbadeanstalt. In der Mitte des Gartens stehen zwei Häuschen, von hohen Linden umgeben, wohl 15 bis 20 große Bäume, welche hübsche schattige Plätze geben. Das eine größere Haus ist von Stein, sehr solide gebaut, das andere von Holz mit dickem Strohdach. Für Dich wäre es zu klein. Der Gärtner, ein sehr netter, gescheiter Mann, will es selbst beziehen und das steinerne Haus abtreten. Die Sache scheint mir gut. Man merkt da nichts von der Nähe eines Ortes. Alles vollständig ländlich. Der Garten soll im Sommer prachtvoll sein. Schatten da, auch ein hübscher Tempel auf Säulen ruhend, frische Luft, Bäder für die Kleinen; zu weiteren Spaziergängen bietet der nahe Schloßpark, die schönen Alleen bis zum Tiergarten, dieser selbst sowie die Feldpromenaden Gelegenheit vollauf...“ Auf dem Bild der Park 50 Jahre später in der Nähe des Taubenhauses.

Daß heute am Lietzensee ein schöner Park für die Bevölkerung offen steht, ist eine interessante Geschichte. Wilhelm von Witzleben kaufte den ganzen See und alle Wiesen, die ihn einschlossen, nebst einiger umliegenden Ländereien. Er ließ sich dort im Jahre 1824 ein Sommerhäuschen errichten. Die Wiesen ließ er in einen herrlichen Park verwandeln. In diesem spielte sein Sohn mit dem gleichaltrigen Prinzen Albrecht von Preußen, dem jüngsten Sohn Friedrich Wilhelm III.. Das Tagebuch einer Charlottenburger Familie berichtet nicht nur, daß die beiden Knaben an den schulfreien Mittwoch- und Sonnabendnachmittagen mit anderen Kindern Räuber und Gendarmen spielten, sondern daß es dabei oft sehr wild zuging. 1840 verkaufte von Witzleben den See mit Park an den Kunstgärtner Ferdinand Deppe, der eine Rosen- und Dahlienzucht anlegte, die weithin berühmt wurde. Im Laufe der Zeit verwilderte die Anlage. Nur ein Gärtner bewachte den Park. Niemand durfte ihn betreten. 1898 wurde eine Bürgerinitiative gegründet, die den See und Park kaufte und der Anlage die heutige Gestalt gab. 1910 kaufte dann Charlottenburg dieses Schmuckstück. Der Lietzenseepark ist bis heute der Stolz jeden Charlottenburgers.

Die Erdgeschichtsforscher lehren, daß der Lietzensee in der Eiszeit entstanden ist und am Anfang einer großen Rinne liegt, die den Grunewald bis hin zur Havel durchzieht. Diese Rinne sei durchschnittlich dreihundert Meter breit. Andere Seen liegen auch darin. Die Fortsetzung des Lietzensees sind der Halen-, Königs-, Diana-, Hundekehlen- und Grunewaldsee, Riemeisterfenn, Krumme Lanke, Schlachten- und Nikolassee. Andere Forscher sprechen davon, daß dies eine alte Spreeverbindung zur Havel war. Beim Schmelzen der Eiszeitgletscher sollen große Löcher in der Eisdecke entstanden sein. Durch diese Löcher wären die Wasser mit großer Gewalt nach unten geflossen und hätten sich in den Erdboden hineingefressen, bis sie als reißende Bäche wieder abgeflossen wären. Die Grunewaldrinne zeigt noch heute den Verlauf des Baches, und die zahlreichen Seen sind Teile davon.

Eine herrliche Aufnahme, die den aufgeschütteten Damm der Neuen Kantstraße zeigt. Durch diesen wurde der Lietzensee geteilt. Am Ende des Dammes erkennt man die Arkaden der aus Farbsandstein gefertigten kleinen Brücke, die einen kleinen Kanal zwischen den entstandenen zwei Seen als Verbindung offenhält. Inzwischen sind die Seeufer von hochherrschaftlichen Wohnhäusern umrandet. Wer sich eine Wohnung mit Blick auf den Lietzensee leisten konnte, zählte zur gehobenen Klasse im Kaiserreich. Im Hintergrund links sieht man den Turm des am 20. Mai 1905 eingeweihten Rathauses Charlottenburg. Am Ende des ersten Lietzensees (linke Seite) erkennt man die Fassade vom Reichskriegsgericht. Im Zentrum der auf der linken Seite des Dammes befindlichen Wohnhäuser steht heute das Hotel Seehof. Anstelle des bräunlichen Wohnhauses am zweiten Lietzensee, auf der rechten Seite des Dammes, steht heute das "Hochhaus am Lietzensee".

Blick auf die sehr schön gestaltete Brücke über die Verbindung der beiden Lietzenseen nach der Dammaufschüttung für die Neue Kantstraße. Vorher war der Lietzensee ungeteilt und stellte wegen seiner Ausdehnung und Breite eine natürliche Barriere der Stadtausdehnung dar. Hinter der Brücke sieht man die imponierenden Bauten des gehobenen Bürgertums der Straße mit dem Namen Lietzenseeufer. Auch hier ein weit sichtbarer Turm auf dem Eckhaus zu Ehren des Kaisers und des Kaiserreiches. Ein Wohnhaus mit großzügig ausgebautem hohen Dachstuhl und großflächig verglasten Veranden. Die vordere rechte Uferseite ist hier noch unbebaut. Auch hier entstand ein wuchtiges zur Seeseite siebengeschossiges Wohnhaus mit direktem Zugang zum See. Heute steht dort das "Hochhaus am Lietzensee".
Der Lietzensee lud im Sommer zu einer Kahnpartie ein. Im Winter war der See die beliebte Schlittschuhfläche der Stadt Charlottenburg.

Charlottenburg war nicht nur ein Wohnort für die besseren Kreise. Auch hier gab es einen erheblichen Anteil an Arbeitern, Unterbeamten und Dienstboten; auch hier gab es Mietskasernenelend mit Seitenflügeln und Hinterhäusern. Damals gab es das "Trockenwohnen" hochherrschaftlicher Neubauwohnungen durch die Ärmeren, die sich keine Miete leisten konnten. Allerdings hat das reiche Charlottenburg besondere Anstrengungen unternommen, um dem sozialen Elend zu begegnen. Anders hätte Charlottenburg im Wettstreit mit der Hauptstadt Berlin auch gar nicht bestehen können. Von privaten Initiativen unterstützt, hat die Stadt Charlottenburg eine ganze Reihe führender Einrichtungen der sozialen Fürsorge geschaffen, vor allem im Bereich der städtischen Armen- und Waisenpflege, der Krankenpflege, der Säuglingsfürsorge und des Schulwesens.

Von seinem alten Gepräge hat Charlottenburg bis heute viel bewahren können. Das Bild zeigt den noch unbebauten Gewässerrand des Lietzensees, an dem kurz danach Gebäude der höheren Klasse errichtet wurden.

1910 kaufte Charlottenburg für drei Millionen Goldmark den Park am Lietzensee, der nach 1824 von Staatsminister von Witzleben angelegt worden war. Der Ostteil des Parkes wurde zur weiteren Bebauung wieder veräußert, der Westteil und der vorhandene Grünstreifen am Seerand später gärtnerisch bearbeitet und mit einer Kaskadenanlage an der Dernburgstraße ergänzt. Hier auf dem Foto ist die Kaskadenanlage noch nicht vorhanden. Mit dem zweigeteilten Lietzensee- und dem Schloßpark verfügt Charlottenburg noch heute über besonders schöne und große Erholungsflächen. Hochherrschaftliche Wohnhäuser wurden mit Blick auf den Lietzensee errichtet, wo die gehobene Klasse gerne wohnte. Man ehrte den Kaiser und das aufstrebende Kaiserreich mit besonders reizvollen Türmen auf den Dächern der besseren Häuser, besonders auf den Eckhäusern. Im rechten Hintergrund des Bildes sieht man den aufgeschütteten Damm der Neuen Kantstraße, der den Lietzenseepark und den Lietzensee in zwei Hälften teilt.

Der Erschließung des Westens Charlottenburgs stand der Lietzensee im Weg. Am Lietzensee endete die “Charlottenburger Welt“. Aber schon seit Beginn des 20. Jahrhunderts war es zu mehreren Erweiterungen des Charlottenburger Stadtgebietes im Westen und Norden gekommen. Charlottenburgs Westentwicklung hatte, abgesehen von der Landhauskolonie Westend in den siebziger Jahren des 19. Jahrhunderts, recht spät eingesetzt. Erst um die Jahrhundertwende begann die Bebauung im Südwesten des alten Charlottenburgs. Die Kantstraße wurde über den Amtsgerichtsplatz als Neue Kantstraße gradlinig verlängert und 1905 über den Lietzensee weitergeführt. Hierzu wurde ein Damm über den See aufgeschüttet, der den See in zwei Teile teilt. Über einen schmalen Verbindungskanal unter einer Brücke sind sie verbunden. Hier auf dem Bild sieht man den Damm der Neuen Kantstraße. Das mit drei Türmchen bewehrte große Wohnhaus am linken Bildrand liegt an der Ecke Herbartstraße/Neue Kantstraße. Eine Brücke über die Ringbahn wurde erst 1913-1915 errichtet. Das Tal der Ringbahn liegt hinter dem Häuserblock am linken Bildrand.

Hier am Amtsgerichtsplatz beginnt die Neue Kantstraße. Nachdem durch eine Dammaufschüttung der Lietzensee in zwei Seen geteilt wurde, konnte die Straße über den Damm bis zum S-Bahnhof Witzleben weitergeführt werden. Dadurch eröffnete man neue Räume für die Stadterweiterung. In wenigen Jahren waren alle Grundstücke vergeben und bebaut. Vorne links führt die Suarezstraße am Amtsgericht (nicht im Bilde zu sehen) vorbei. Eine bereits geschlossene Häuserfront zeugt von der schnellen Bebauung. Die Neue Kantstraße dagegen ist noch neu, wie man es auch an den jungen Bäumen erkennen kann. An der Kuno-Fischer-Straße (kurz vor dem Ende der Neuen Kantstraße auf der linken Seite) sind noch Baulücken. Auch die Neue Kantstraße protzt mit einem überbreiten Bürgersteig, für den kommende Generationen noch dankbar sein werden. Der Verkehr war jedoch noch mehr als dürftig, so daß der Fußgänger vorne im Bild noch gemütlich auf den Gleisen der Straßenbahn spazierengehen konnte. Die Neue Kantstraße wurde bereits mit hochhängenden elektrischen Glühlampen beleuchtet.

Noch bis 1915 endete hier an der Ecke der Straßen Königsweg (heute: Wundtstraße), Neue Kantstraße (Bildmitte) und Dernburgstraße (rechts) die gradlinige Verlängerung der Kantstraße, von der Kaiser-Wilhelm-Gedächtniskirche kommend, als Neue Kantstraße. Als wichtiges Verkehrsmittel diente die elektrische Straßenbahn. Im Weg lag ein tiefes Tal mit der 1877 dort gebauten Schienenführung der Ringbahn. Erst 1915 wurde die bereits vorhandene sehr schmale Brücke des Königsweges über die Ringbahn durch eine breite Straßenbrücke ersetzt, die den Namen Ostpreußenbrücke erhielt, 1916 mit Zugang zum S-Bahnhof Witzleben (heute: Messe-Nord). Dieser hatte zwei Bahnsteige, je einen für Ring- und Stadtbahn. Die Stadtbahn fuhr direkt ins Zentrum Berlins über Bahnhof Charlottenburg. Der Umsteigebahnhof Westkreuz wurde erst später errichtet.
Die Neue Kantstraße konnte nach Bau der breiten Brücke weitergeführt werden. Neue Möglichkeiten der Expansion boten sich an.
Daß hier die breite Straßenführung der Neuen Kantstraße zu Ende war, erkennt man an der schräg weitergeführten Bordsteinkante, siehe rechte untere Bildkante. Der Königsweg war ein Stück des alten Weges, den die Preußischen Könige zwischen dem Schloß Charlottenburg und Potsdam benutzten. Seine Weiterführung führt an der heutigen Avus entlang.

Ein Jahr nach dem Baubeginn des nur 250 Meter entfernt liegenden Amtsgerichts Charlottenburg wurde 1896 der Grundstein für die "Abtheilung für Strafsachen" gelegt. Es entstand eine Dependance des Amtsgerichtes, die nach Plänen der Geheimen Bauräte Adolf Bürckner und Dr. hc. Eduard Fürstenau errichtet wurde. Auffällig tritt es aus der Straßenfront hervor. Die an das Augsburger Frühbarock erinnernde Fassade fällt selbst dem auf, der sich nicht für Architektur interessiert. Als Abtheilung (mit "h" geschrieben, vielleicht glaubte man noch an "Heilung") für weibliche Jugendliche wurde das Gebäude unter Mitwirkung des Regierungsbauführers Eggert und des Baumeisters Boettcher am 15. September 1897 eingeweiht. Dem nur zwanzig Meter Straßenfront messendem schmalen Haus ist auf der Hofseite ein mit roten Verblendern versehender Gefängnistrakt angefügt. Auffällig ist die reiche baukünstlerische Gestaltung der Fassaden. Sie wirkt bescheiden, vergleicht man diese Justizanstalt mit dem Amtsgericht. Auf dem Bild steht das Gefängnis noch völlig frei. Kurz danach war diese Fassade der Kantstraße 79 in der sich bildenden Häuserfront komplett eingegliedert.

Das Charlottenburger Stadtgericht erhielt 1847 einen eigenen Neubau in der Kirchhofstraße (heute: Warburgzeile). Vorher war das Gericht notdürftig im ersten Rathaus untergebracht. Es wurde 1879 durch das Königliche Amtsgericht ersetzt. Der Amtsgerichtsplatz an der Kreuzung Kant- Ecke Suarezstraße hat bis zum heutigen Tage seine historische Form erhalten können. Durch die großzügige Grünanlage bekommt das freistehende Amtsgericht sein imposantes Aussehen. Das Gebäude wurde vom Juli 1895 bis September 1897 aus Sandstein in einfacher Barockform mit 46 Meter Länge und 40 Meter Breite errichtet. Die Gesamtkosten betrugen 572 000 Goldmark. Das Haus dient bis heute seiner vorgesehenen Bestimmung. Eine zugehörige Strafanstalt wurde im gleichen Jahr in der Kantstraße 79 eröffnet. Später wurde diese ein Frauengefängnis.

Auf dem Bild sieht man die zwei Straßenbahnlinien, die am Amtsgericht vorbeifuhren und zusammen mit der Straßenbahnlinie der Kantstraße für gute Verkehrsanbindung des Amtsgerichtes sorgten.

An der Ecke Suarez-/ Kantstraße befand sich am Amtsgerichtsplatz eine der traditionellen Gaststätten Charlottenburgs. Anfangs eine Bierhalle in der Kaiserzeit, später dann jahrzehntelang Gaststätte der berühmten Charlottenburger Pohlmann-Kette, wo man immer preisgünstig seine "Molle und Korn" und bürgerliche Küche genießen konnte. Generationen von Charlottenburgern sind hier gerne eingekehrt. Als das große Sterben der beliebten volkstümlichen Gaststätten einsetzte, wurde aus diesem Restaurant die "Blaue Adria", die der Commerzbank weichen mußte. So ist auch hier ein traditioneller Punkt der zahlreichen Charlottenburger Gaststätten verschwunden. In der Kaiserzeit gab es sehr viele Restaurants in Charlottenburg. Nur einen kleinen Teil davon findet man noch heute nach 100 Jahren an den angestammten Plätzen. Es waren die guten alten Zeiten, als selbst die ärmsten Bürger nach der Arbeit noch einkehren konnten, um preiswert ein Bier zu trinken. Was bleibt, ist die Erinnerung an die Bierhallen Woschnik, die vielen Pohlmann's und andere volkstümliche große Lokale wie Aschinger in der Joachimstaler Straße, den "Spandauer Bock" und "Zum Eisbein-Wirt" in der Spandauer Straße, das Restaurant Hippodrom am Knie und das Restaurant J. Ruhland am Savignyplatz.

Diese schöne Farbbildpostkarte zeigt die Kantstraße vom Amtsgerichtsplatz in Richtung Kaiser-Wilhelm-Gedächtniskirche, deren Turm man in der linken Bildhälfte am Horizont erkennen kann. Auch die Kantstraße ist eine wichtige Straße mit überbreiten Bürgersteigen und mit preußisch-exakt gepflanzten Straßenbäumen, die gut gewachsen sind. Das Hauptverkehrsmittel ist die elektrische Straßenbahn neben den pferdebespannten Wagen. Im Vordergrund links sieht man den hohen Giebel des Eckhauses zur Suarezstraße. Auf der rechten Seite die Grünanlage des Amtsgerichtsplatzes und die kleine Verkehrsinsel mit der Bedürfnisanstalt, die bis heute geblieben ist. Das dichtbebaute Viertel mit vielen Seitenflügeln und Hinterhöfen bietet der arbeitenden Bevölkerung Wohnraum mit mittlerem oder niedrigem Komfort. Die Vorderhäuser zeigen dagegen oft gediegenen Standard mit Balkonen und großen Wohnungen. So leben die verschiedenen Klassen gemischt miteinander. Viele Dienstmädchen vom Hinterhaus dienen bei den feinen Herrschaften im Vorderhaus.

Der 1882 eröffnete Stadtbahnhof Charlottenburg am Stuttgarter Platz lag zunächst einsam auf weiter Flur. Die Charlottenburger wanderten weit über unbebautes Gelände, wenn sie die Bahn benutzen wollten. Erst allmählich wurde die Gegend bebaut. Nach Inbetriebnahme der Stadt- und Ringbahn wurde Charlottenburg rasch zur Großstadt. Die Ausflugsidylle war vorbei. Die Funktion des Bahnhofes Westend, welcher als wahrer Hauptbahnhof Charlottenburgs zusammen mit dem Hauptbahnhof der Pferde-Straßenbahn diente, ging nach und nach auf den Bahnhof Charlottenburg am Stuttgarter Platz über. Die Stadt orientierte sich neu von Richtung Westen in Richtung Süden.

In Charlottenburg setzte nun die Erschließung des Gebietes südlich der Bismarckstraße zwischen Wilmersdorfer- und Hardenbergstraße ein. In dieser Gegend hatten sich große Spargelplantagen ausgebreitet, vom Volkswitz "Schwindelschweiz" genannt. Zwei Jahrzehnte dauerte es noch, bis auch das Gelände südlich des Stadtbahndammes (rechts im Bild die Gebäude im Rohbau noch ohne Fensterrahmen) einigermaßen bebaut war.

Blick von der Wilmersdorfer Straße Richtung Kaiser-Wilhelm-Gedächtniskirche in die Kantstraße. Noch hat die individuelle Motorisierung nicht begonnen. Man ritt auf der Kantstraße und konnte sich auch zu Pferd gemütlich unterhalten. Die Pferdedroschke ersetzte die heutigen Taxis. Hier sieht man bereits eine lückenlose Häuserfront von Mietshäusern für den normalen Bedarf. Jedes Gebäude hat einen eigenen Fassadenstil. Man sparte meist mit Balkonen. Auch die Dekoration der Dächer ist sehr bescheiden, und nur zwei Eckhäuser an der Ecke Krumme Straße verfügen über kleine Türmchen. Für die elektrische Straßenbahn sind Schienen und Oberleitungen installiert. Gaslaternen sorgen für die nächtliche Beleuchtung. Ein Bild aus ruhiger Zeit als noch das pulsierende Leben der heutigen Kantstraße, besonders hier an der Wilmersdorfer Straße mit den vielen später erbauten Kaufhäusern, fehlte.

1875 zählt Charlottenburg 25.000 Einwohner. 1893 sind es 100.000, 1896 bereits 150.000. Alle evangelischen Einwohner gehörten zur Luisengemeinde, in der 1851 eine zweite, 1879 eine dritte Pfarrstelle und 1889 in der Joachimstaler Straße eine dritte Predigtstätte eingerichtet wurden. 1892 entstand die Kaiser-Wilhelm-Gedächtniskirche, dem Einfluß der Stadt enthoben als Hofkirche, 1898 die im Bild dargestellte Trinitatis-Kirche, dann 1904 im Westen an der Knobelsdorffstraße die Epiphanien-Kirche. Ihr folgte 1913 im Südwesten die Gemeinde Am Lietzensee in der Herbartstraße. 1915 schloß sich der Ring im Kaiserreich, als im Norden die Gustav-Adolf-Gemeinde gegründet wurde. Konfirmandenunterricht und Predigtgottesdienst waren stets zahlenmäßig die Schwerpunkte des kirchlichen Lebens. Zahlreiche kirchliche Vereine und Gruppen florierten. Die Trinitatis-Kirche, nach einem Entwurf der Architekten Vollmer und Jassoy errichtet, wurde in Gegenwart des Kaiserpaares eingeweiht: ein Backsteinbau mit Sandsteinsockel in Anlehnung an märkische Gotik auf kreuzförmigem Grundriß.

Von der Ecke Leibnizstraße (bis 1869: Priesterweg) schaut man die Kantstraße entlang in Richtung Kaiser-Wilhelm-Gedächtniskirche. Früher bog hier eine Straßenbahnlinie in die Leibnizstraße ab. Sie ist benannt nach dem Lehrer und Vertrauten der Prinzessin Sophie Charlotte, der späteren preußischen Königin. Leibniz ist der umfassenste deutsche Gelehrte der Neuzeit. Sein Geist umspannte nahezu alle Wissenschaften. Er war bemüht, die Gegensätze zwischen den wissenschaftlichen Theorien und den philosophischen Systemen schöpferisch auszugleichen. Er war gleichzeitig Mathematiker, Geschichtsforscher, genialer Philosoph, Sprachforscher, Jurist und Theologe. Der alte Straßenname Priesterweg stammt aus der Zeit, als das Dorf Lietzow keinen eigenen Pfarrer besaß und der Pfarrer von Deutsch-Wilmersdorf das Pfarramt innehatte. Der Weg, den er zwischen den beiden Dörfern zurücklegen mußte, wurde Priesterweg genannt. Links im Eckhaus befand sich das große modische Herrenausstattergeschäft Moritz Gross, mit mehreren Schaufenstern zu beiden Straßen. Typisch für Charlottenburg links die Wasserpumpe für die Pferde und rechts im Bild die Litfaßsäule. Die Straßenbahn im Bilde ist die Linie 33.

Charlottenburg war nicht nur die wohlhabenste, sondern auch die modernste Stadt Preußens und vielleicht des ganzen Deutschen Kaiserreiches. Hier wurden viele neuen Ideen geboren. Nicht nur das elektrische Licht leuchtete hier in der Villa von Werner von Siemens im März 1879 anläßlich eines Festes zuerst, viele Nobelpreisträger ließen hier das Licht ihres Wissens leuchten. Prof. Dr. Magnus Hirschfeld begann in Charlottenburg seinen Feldzug für die Emanzipation der gleichgeschlechtigen Partnerschaften. Er gründete am 15. Mai 1897 das Wissenschaftlich-humanitäre Komitee (WhK), dem Edmund Oberg, Max Spohr, Richard von Krafft-Ebing, Franz von Liszt, Ernst von Wildenbruch, August Bebel, Richard Dehmel, Max Liebermann, Detlev von Liliencron, Rainer Maria Rilke, Arthur Schnitzler und Ernst von Wolzogen angehörten. Auch die Frauenbewegung, der Kampf um die Gleichberechtigung der Frau war wegweisend von Charlottenburg ausgegangen, insbesondere für die Zulassung von Frauen zur Universität. Frau von Papp wurde die erste Taxifahrerin im Deutschen Kaiserreich. Ein Umdenken wurde eingeleitet.

Die Kantstraße am Savignyplatz zeigt regen Straßenbahnverkehr der Linie 81. Schon Triebwagen mit Anhänger und ein "Oldtimer" fahren mit 20 km/Std. die Straße entlang. Der Fahrer hat das Lenkrad rechts. Alles noch sehr beschaulich und gemütlich. Die Schienen im Vordergrund haben eine auf das Pflaster gelegte Weiche für eine Umleitung, damit die Elektrische die Schienen wechseln kann. Das linke Eckhaus mit einer schmucken Fassade, den schönen Erkern und dem schlanken Turm erinnert an Nürnberg. Die Propaganda an der Fassade über der zweiten Etage weist auf das Grand Restaurant Savignyplatz hin, welches sicherlich zu ebener Erde war. Vorne auf dem Bürgersteig sieht man zerstreute Erde. Scheinbar wurde gerade frische Erde angeliefert für die gepflegten Grünanlagen des Platzes. Das rechte Eckhaus, ebenfalls mit Erkern versehen, hat einen mächtigen und breiten Turmaufsatz, der fast einem Rathausturm ähnelt. Wer mag da wohl oben gewohnt haben?

Ein schöner Blick vom Savignyplatz die Kantstraße hinunter zur Kaiser-Wilhelm-Gedächtniskirche. Hier am Savignyplatz wohnte das gehobene und mittlere Bürgertum aus selbstständigen und akademischen Berufen mit einem Pro-Kopf-Steueraufkommen von 33,20 Goldmark. In der benachbarten Grolmann- und Bleibtreustraße lag es bei nur 12,20 Goldmark. Die feinen Kutschen auf der linken Bildseite vor dem Küchen- und Eisenwarengeschäft C. Adolph zeugen vom höheren Niveau der Bewohner dieser Gegend. Auf der rechten Seite erkennt man das Lebensmittelgeschäft der Gebrüder Groh. Obwohl viele Gegenden Charlottenburgs über gute Wohnstrukturen verfügten, war nicht alles Gold was glänzte. Man baute zwar nicht die extremen Mietskasernen, aber die dichte Bebauung führte zu vielen Hinterhöfen. So befanden sich im Jahre 1900 in Charlottenburg 53,6% der Wohnungen in den Vorder- und 46,4% in den Hinterhäusern und Seitenflügeln. In Charlottenburg wohnten 66,13 Bürger pro Gebäude, in Berlin waren es 75,9 Bewohner.

Die Geschichte des 160 mal 120 Meter großen Savignyplatzes gehört zur verkehrstechnischen Entwicklung der Stadt Charlottenburg. Bereits 1862 wurden im Hobrechtschen Bebauungsplan für die Stadt südwestlich des Zoologischen Gartens eine Anzahl neuer Straßenzüge eingeplant, von denen nicht weniger als acht auf diesen Platz zuliefen. Die Kantstraße teilte damals den Platz bereits in eine nördliche und eine südliche Hälfte. Der weitvoraussehende Plan Hobrechts wurde fast erfüllt. Dieser wichtige Platz erhielt am 23.3.1887 den Namen von Friedrich Karl von Savigny, ein Rechtslehrer und preußischer Staatsmann. Er stellt einen bis heute beliebten Ruheplatz mit Bänken und gepflegten Rasenflächen dar. Die Personengruppe im Vordergrund des Bildes spiegelt gut die Zusammensetzung der Bevölkerung und der Mode wider. Die Kinder sind ordentlich gekleidet und sehen gut behütet aus.

Direkt neben dem Theater des Westens in der Kantstraße entstand 1899 die Ausstellung der Secession. Durch diese Ausstellung wurde Charlottenburg zu einer künstlerischen Metropole Europas. Unter der Leitung von Walter Leistikow und Max Liebermann trafen sich hier fortschrittliche Künstler, die sich gegen die herrschenden historischen Kunstauffassungen sträubten und neue Wege suchten. Kaiser Wilhelm II. konnte sich mit dieser neuen Kunstrichtung nicht anfreunden und nannte diese verächtlich "Rinnsteinkunst". Der Stadtkommandant verbot sogar seinen Offizieren diese Ausstellung in Uniform zu besuchen. In den Räumen der Secessions-Ausstellung wurden erstmalig die Werke der bedeutensten Maler vom Übergang des 19. zum 20. Jahrhundert ausgestellt. Es wurden neue Stile aufgenommen. Die Maler wie Eugen Spiro, Lesser Ury, Emil Orlik, Edmund Edel und Walter Trier konnten sich entfalten. Bereits 1892 traten die Maler Franz Skarbina, Hugo Vogel und August von Heyden gegen die konservative wilhelminische Ästhetik und Kunstpolitik aus der Hochschule für die bildenden Künste aus. Einige Jahre danach zog die Secession-Ausstellung zum Kurfürstendamm um.

Das Deutsche Kaiserreich erfuhr zur Jahrhundertwende einen technischen Aufschwung, der vorher unvorstellbar war. Die Dampfeisenbahn überquerte Straßen, auf denen die elektrischen Straßenbahnen fuhren, und am Himmel kreuzte der Zeppelin. Hier auf dem Bild der Zeppelin III über der Kantstraße vor dem "Theater des Westens". Das Luftschiff LZ 3 wurde als Z 1 vom preußischen Heer übernommen und erreichte schon eine Geschwindigkeit von 32,4 km/h. Auf Anregung des Kaisers wurden 1906 in der Jungfernheide Hallen und Werkstätten für die Parsevalschen Motorluftschiffe gebaut. Im Hintergrund die Kaiser-Wilhelm-Gedächtniskirche.

Das Theater des Westens dient seit seiner Entstehung im Jahre 1896 als Operettentheater. Es wurde vom Architekten Bernhard Sehring mittels waghalsigen Finanztransaktionen auf einem Kohlenplatz der Meierei C. Bolle errichtet. Es hatte seinerzeit eine der größten Theaterbühnen. Die Bedeutung Charlottenburgs als Theater- und Opernstadt nahm nach Bau des Schillertheaters (1907) und der Deutschen Oper (1912) zu. Hinzu kommt noch das Theater am Nollendorfplatz mit dem Mozartsaal, welches zur Kaiserzeit zu Charlottenburg gehörte und sich damals "Neues Schauspielhaus" nannte. Welch andere Stadt im Deutschen Kaiserreich konnte sich solche großartigen Bühnen leisten für das bürgerliche Theaterleben?

Am 4. September 1895 wurde der Grundstein für das "Theater des Westens" in der Kantstraße gelegt. Es wurde am 1. Oktober 1896 eröffnet mit Holger Drachmanns "Tausendundeine Nacht". Der finanzielle Aufwand, der mit diesem Theater auf 12.000 qm Baugrund betrieben wurde, führte bald zu erheblichen Schwierigkeiten. Obwohl der Architekt Bernhard Sehring das Luxusgebäude für 1500 Zuschauer errichtete, fehlte oft Geld. In kurzer Zeit wechselten die Intendanten, bis schließlich unter einem weiteren Intendanten das Haus in "Goethe-Theater" umbenannt wurde. In der darauffolgenden Zeit wurde das Theater für Operetten- später für Opernaufführungen genutzt. Ab 1918 hieß der Musentempel "Große Volksoper". Architektonisch lehnt sich das Gebäude an verschiedene Stilrichtungen an. Es birgt ebenso klassizistische Elemente, die dem italienischen Baumeister Andrea Palladio nachempfunden sind, als auch Elemente des Jugendstils und des Empires. Links neben dem Theater sieht man neben der Reichsflagge ein Gebäude der Secessions-Ausstellung.

Wenn man hier wie am "Romanischen Haus" die typischen Gaslaternen sieht, ist kaum vorstellbar, daß Charlottenburg Jahrzehnte vorher nachts im Dunkeln lag. Die Beleuchtung hat ihre Geschichte: Als Friedrich I. die Straße, die zum Schloß Lietzenburg führt, bauen ließ, erhielt sie auf beiden Seiten Laternen. Über 600 Lichter brannten abends, aber nur, wenn im Schloß Gäste erwartet wurden. Es waren nur schwach leuchtende Öllampen. Reisende jener Tage berichteten erstaunt: „Es sieht aus, als ob zwei feurige Schnüre gespannt wären". Sonst aber lag die Stadt im Dunkeln. Der sparsame Friedrich Wilhelm I. war gegen Luxus und ließ die Laternen wieder entfernen. Es herrschte wieder jahrzehntelang Finsternis. Erst Friedrich Wilhelm III. ließ vor der Schloßwache und dem Schloßtheater einige Laternen aufstellen.
Als die Gasanstalt gebaut wurde, begann man mit der Straßenbeleuchtung. 1861 hatte Charlottenburg 150 Gaslaternen, 1903 brannten bereits 5.351 Laternen mit 5.873 Gasglühlichtflammen. Die Polizei mußte erst Druck auf den sparsamen Bürgermeister machen, der vom evangelischen Pfarrer unterstützt wurde, weil er meinte, daß es Sünde ist, die von Gott geschaffene Dunkelheit künstlich zu erhellen.

Eine Luftballonaufnahme aus 700 Metern Höhe mit Blick auf die zentral gelegene Kaiser-Wilhelm-Gedächtniskirche und den davon ausgehenden großen Straßen. Nach Norden führt die Hardenbergstraße, die nach einem kleinen Knick am Steinplatz nach rechts am Knie (heute: Ernst-Reuter-Platz) endet. Vom Knie geht nach oben links die Berliner Straße (heute: Otto-Suhr-Allee) ab bis zum Schloßpark, den man an seiner begrünten Fläche erkennt. Von der Kaiser-Wilhelm-Gedächtnis-Kirche nach links geht der Kurfürstendamm mit seinen feudalen Wohnhäusern, die durch die Breite der Straße voll zur Geltung gelangen. Rechts im Bild die große Grünfläche, die teilweise von einer Wolke verdeckt wurde, ist der Zoologische Garten, der von dem alten Kurfürstendamm der heutigen Budapester Straße begrenzt wird. Hinter der S- und Fernbahnlinie etwas unterhalb der Bildmitte, sieht man eine große unbebaute Fläche, die freigemacht wurde für das Oberverwaltungsgericht und die mächtigen Gebäude der Jebensstraße. Darüber befindet sich das Gelände der Technischen Universität. Vorne in der unteren Bildmitte erkennt man den breiten Straßenzug vom Tauentzin. Ein eindrucksvolles Bilddokument der Jahrhundertwende.

Die Hardenbergstraße ist inzwischen lückenfrei bebaut. Der Blick führt von der Gedächtniskirche Richtung Eisenbahnüberführung am Bahnhof Zoologischer Garten, links das Eckhaus an der Einmündung der Kantstraße und rechts die Ausstellungshallen. Hinter der Zoobrücke sieht man das Preußische Oberverwaltungsgericht und dahinter mit dem spitzen Turm die Akademie der Künste zusammen mit der Hochschule für Musik. Der Polizeiwachtmeister mit Pickelhaube und ordengeschmückter Brust strahlt sichtlich zufrieden über die vorhandene Ordnung in der wohlhabenden Stadt Charlottenburg. Um die Stadt zu verschönern wurden selbst die Masten für die Oberleitung der elektrischen Straßenbahn verziert. Die Fahrbahn vor den Ausstellungshallen glänzt mit einem frischen Wasserspiegel, den sicherlich soeben ein Wassersprengwagen bereitet hatte, um einen vom Straßenstaub befreiten Fahrdamm zu erhalten. Man legte großen Wert auf Reinlichkeit.

Die Stadt Charlottenburg erhielt ein Ausstellungsgelände am Zoologischen Garten. Die Wohngegend begann sich langsam in eine neue City zu verwandeln. 1905 bis 1907 errichtete man am südwestlichen Rand des Zoologischen Gartens an der Hardenbergstraße/Auguste-Viktoria-Platz gegenüber der Kaiser-Wilhelm-Gedächtniskirche die Ausstellungshallen am Zoo im romanisierten Baustil, um das Gesamtbild der Umgebung mit der Kaiser-Wilhelm-Gedächtniskirche und den beiden romanischen Häusern nicht zu beeinträchtigen. Die Ausstellungshallen erwiesen sich rasch als unzureichend. Sie wurden ständig umgebaut. 1912 eröffnete man den Ufa-Palast am Zoo, der im Mittelteil der Ausstellungshalle lag. Besonders die neue Automobilindustrie drängte auf größere Ausstellungsflächen. Charlottenburg bekam größere Ausstellungshallen am Bahnhof Witzleben. Außerdem wurde 1909 durch den Kaiserlichen Automobil-Club die "Automobil-Verkehrs-und Übungs-Straße GmbH." (AVUS) gegründet. 1913 wurde mit dem Bau der Rennstrecke von Charlottenburg nach Nikolassee begonnen. Dazu wurde 1914 am S-Bahnhof Witzleben auch die neue Ausstellungshalle 1 errichtet, die 240 Meter lang und 74 Meter breit war, als Ausgangspunkt für das zukünftige Messegelände.

Nach der Errichtung der Kaiser-Wilhelm-Gedächtniskirche und der beiden Romanischen Häuser, welche die Kirche einrahmten, wurden 1907 dazu passend die Ausstellungshallen am Zoologischen Garten an der Hardenbergstraße errichtet. Sie wurden häufig von der jungen aufstrebenden Automobilindustrie genutzt, die vorher in der Flora ausstellte.
Auch die Charlottenburger Sozialreformerin, Hedwig Heyl, hatte hier 1912 die große Ausstellung "Die Frau im Haus und Beruf" vorgestellt, die erstmalig umfassend über die Berufsfelder von Frauen informierte. In den 210 Meter langen Ausstellungshallen fanden auch volkstümliche Veranstaltungen statt, wie z.B. das Sechstagerennen. Das Ausstellungsrestaurant wurde 1916 zum Bierhaus "Wilhelmshallen". Mit dieser Ausstellungshalle bildete sich eine lange Tradition Charlottenburgs heran, Ort von großen internationalen Ausstellungen zu sein, die ihre Fortsetzung rund um den Funkturm mit den Messehallen fand.
Auf dem Foto sieht man moderne Pferdedroschken des 1 PS-Zeitalters, elegante Ausstellungsbesucher und Damen mit gewagter Hutmode.

*Ankunft des Kaisers auf der Deutschen Schiffbau-Ausstellung.*

Seine Kaiserliche und Königliche Majestät, der Kaiser des Deutschen Reiches und König von Preußen, Wilhelm II. beim Verlassen der deutschen Schiffbau-Ausstellung in Charlottenburg. In der Uniform eines Admirals bringt er seine besondere Verbundenheit mit der Marine und dem Seefahrtsgedanken zum Ausdruck, sein Lieblingsfachgebiet. Die Ausstellungshallen am Zoologischen Garten waren stets Schauplatz von großen Industriemessen sowie Ausstellungen unterschiedlicher Richtungen. Links im Hintergrund sieht man unscharf die Eisenbahnüberführung über die Hardenbergstraße am Bahnhof Zoologischer Garten und dahinter das Gebäude des Oberverwaltungsgerichtes. Der Kaiser des Reiches hielt sich gerne in Charlottenburg auf und war stets interessiert, sich über Neuerungen zu informieren. Auch führte sein morgendlicher Ausritt von Berlin aus durch den Tiergarten bis zur Technischen Universität. Da einige Studenten es wagten aus Fenstern der Technischen Universität, die dem Reitweg nahelagen, mit respektlosen Zurufen das Oberhaupt des Reiches zu provozieren, wurden diese Fenster zugemauert.

Die Keimzelle des Zoologischen Gartens war vor 200 Jahren die Pfaueninsel mit Vogelhaus, Wasservogelteich, Bärengrube, Gehege für Känguruhs, Lamas, Hirsche und Wasserbüffel. Friedrich Wilhelm IV. hatte mit den vierbeinigen und gefiederten Inselbewohnern nicht allzu viel im Sinn. Als der Gartenbaudirektor Peter Joseph Lenné, der Afrikaforscher Martin Hinrich Lichtenstein und Alexander von Humboldt sich dafür einsetzten, den Charlottenburgern einen richtigen Zoologischen Garten zu bauen, verfügte der König, daß die meisten Pfaueninsel-Tiere der neuen Einrichtung zur Verfügung gestellt werden. Als Standort wurde ein Teil der königlichen Fasanerie ausgewählt. Nach einer Bauzeit von nur drei Jahren eröffnete der Zoo am 1. August 1844 seine Pforten. Er war der erste Zoo im Gebiet des zukünftigen Deutschen Reiches und der neunte in Europa. Unter der Leitung von Dr. Ludwig Heck (1888) erlebte der Tierbestand einen starken Zuwachs. Auf Grund des umfangreichen Nachwuchses im Zoo entstand der Spruch: “Bei Heck heckt alles!“ Der Zoo ist ein sehr beliebtes Ausflugsziel. An schönen Tagen drängen sich die Besucher an den Kassen. Heute gehört der Zoo nicht mehr zu Charlottenburg.

Die Entwicklung des Stadt- und Fernbahnhofes Zoologischer Garten veränderte seine Umgebung. Auf dem Bild sieht man den Bahnhof wie er am 7. Februar 1882 für die Stadtbahn und am 15. Oktober 1884 für die Fernbahn eröffnet wurde. Bei dieser ersten Ausbaustufe sieht man bereits auf dem Stadtbahnhof den Ausgang zur Hardenbergstraße, den die Charlottenburger "Gewächshaus" nannten. Die Jebensstraße mit den imposanten Gebäuden und das Verwaltungsgericht existieren noch nicht. Statt dessen sieht man viele kleinere Konstruktionen und die Anlage der West-Eisbahn. Im Sommer waren auf der Freifläche der West-Eisbahn zahlreiche Tennisplätze. Wie man sieht, hat man das ehemalige Gelände des Hippodroms sportlich genutzt. Die Stadtbahn beeinflusste die Zunahme der Einwohner Charlottenburgs und die damit eng verbundene Bautätigkeit. Das betraf die Bauweise ebenso wie die Auswahl der Bauplätze und die Richtung der weiteren Ausdehnung. Die Baulandspekulation der sechziger und siebziger Jahre trug jetzt, nach Eröffnung der Stadtbahn, ihre Früchte.

Eines der beliebtesten Freizeitvergnügen im Winter war das Schlittschuhlaufen. Hierzu boten nicht nur die zugefrorenen Seen Charlottenburgs und des Tiergartens Gelegenheit, sondern auch die beliebte West-Eisbahn direkt neben dem Bahnhof Zoologischer Garten, wo sich heute die Jebensstraße befindet. Zu Ehren des Kaisers hatte man die kaiserliche Jacht "Hohenzollern" zur Dekoration der Eisbahn aus Eis geformt. In zwanzig Regierungsjahren, von 1893 bis 1914, wehte an 1600 Tagen die kaiserliche Standarte am Schiffsmast. Das heißt, der Kaiser war in 20 Regierungsjahren viereinhalb Jahre an Bord. Die Flotte wurde zum nationalen Einheitssymbol beladen mit der Tradition der "Reichsflotte" des Ersten Reiches. Man wollte die Schmach der 1852 erfolgten Versteigerung der Flotte des deutschen Bundes in der kaiserlosen Zeit vergessen. Auf der neuen Reichsflotte gab es keine Vorbehaltsrechte wie in der Armee, die noch als vorwiegend preußisch empfunden wurde. Das Volk liebte die Seefahrt. Viele Marineausstellungen fanden im Kaiserreich in Charlottenburg statt.
An der rechten Bildkante erkennt man die Torbögen auf denen die Stadt- und Fernbahn ihre Geleise hat.

1891 legte Werner von Siemens die Entwürfe zu einem Netz von elektrischen Hoch- und Untergrundbahnen dem Königlichen Ministerium für öffentliche Arbeiten vor. Das Ministerium empfahl anfangs lediglich die Ausführung einer Ost-West-Linie. Durch Kabinettsorder vom 22. Mai 1893 wurde der Bau genehmigt, aber bis zur Ausführung durch die Firma Siemens & Halske vergingen noch einige Jahre. Streckenabschnitte mußten teilweise anders geführt werden als geplant; außerdem hagelte es Proteste von Anwohnern, die es zu berücksichtigen galt. Im September 1901 begann die Montage der Wagen. Gegen Ende des Jahres konnten die ersten Versuchsfahrten durchgeführt werden. Anfang 1902 nahm man den Probebetrieb auf. Nach der obligatorischen Fahrt der "Offiziellen" am 15. Februar wurde die erste Strecke am 18. Februar 1902 auf dem Teilabschnitt Stralauer Tor - Potsdamer Platz für den Publikumsverkehr freigegeben. Am 11. März folgte die Strecke Zoologischer Garten - Potsdamer Platz. So war Charlottenburg mit Berlin auch über die U-Bahn verbunden. Auf dem Bild die Fahrscheinkontrolle am Bahnhof Zoologischer Garten.

Die erste Eisenbahn in Preußen fuhr am 29.10.1838 von Berlin nach Potsdam. Bis 1846 entstanden weitere Strecken nach Köthen, Stettin, Frankfurt/Oder, Hamburg und Magdeburg. Jede Eisenbahngesellschaft besaß an der Peripherie der Innenstadt einen Kopfbahnhof. Um die Bahnhöfe miteinander zu verbinden, ließ der preußische Staat 1851 parallel zur Akzisemauer eine Verbindungsbahn bauen. Sie war ausschließlich für den Güterverkehr bestimmt. 1871 wurde die Ringbahn gebaut. Um die Innenstadt verkehrsmäßig besser zu erschließen und eine Anbindung an die Ringbahn zu erreichen, wurde die Ost-West-Verbindung, die Stadtbahn gebaut. Von vornherein für den Personenverkehr geplant, wurde sie am 7.2.1882 für den "Localverkehr" und am 15.10.1884 für den Fernverkehr eröffnet und auch der Bahnhof Zoologischer Garten eingeweiht. Das Foto zeigt die Halle auf Viadukten mit einem ausfahrenden Fernbahnzug. Neben der Fernbahnhalle befindet sich die flachere Halle des S-Bahnhofes. Der spätere Übergang zur U-Bahn erfolgte auf der linken Bahnsteigseite ohne Überdachung durch einen glaseingefaßten Treppeneingang (auf dem Bild nicht zu sehen), der von den Charlottenburgern liebevoll "Gewächshaus" genannt wurde.

Die Entwicklung des Stadtgebietes war 1901 so weit abgeschlossen, daß Charlottenburg in Bezirke eingeteilt wurde: in Westend, Am Spandauer Berg, Schloßviertel, Am Lietzensee, Kalowswerder, Am Nonnendamm, Am Königsdamm nördlich, Am Königsdamm südlich, in Martinikenfelde, Lützow, Halbinsel, Innere Stadt, Hochschulviertel, Am Kurfürstendamm und Ostviertel. Wer kennt heute noch diese historischen Namen? In der Hardenberg- Ecke Jebensstraße, wo sich der Vergnügungspark "Westeisbahn" befand, entstand 1905-1907 das Preußische Oberverwaltungsgericht. Bei diesem Bau wurde das neben den Viadukten des S-Bahn-Bahnhofes Zoologischer Garten befindliche Gelände entrümpelt. Materialabstellplätze und primitive Budengeschäfte wurden beseitigt. Die Eisbahn und die dazugehörigen Geschäfte, wie z.B. der Schlittschuhverkauf wurden abgerissen. Es entstand Raum für die Jebensstraße, benannt nach dem Senatspräsidenten beim Oberverwaltungsgericht Wilhelm Jebens. Das Gebäude ist bis heute erhalten und dient jetzt dem Bundesverwaltungsgericht.

Im Vordergrund der Hardenbergstraße sieht man das Dienstwohngebäude des kommandieren Generals des III. Armeekorps/Berlin. Ihm unterstanden die 5. Division Frankfurt/Oder und die 6. Division Brandenburg mit Garnisonen in Frankfurt/Oder, Cüstrin, Cottbus-Crossen, Schwedt/Oder, Cüstrin-Landsberg a/W., Wittenberg, Brandenburg, Neuruppin, Prenzlau-Angermünde, Rathenow, Perleberg, Lübben und Spandau. In der Bildmitte ist die Stirnseite der Königlichen Artillerie- und Ingenieurschule und daran anschließend die Hochschule für Musik und die Akademie der Künste. Das historische Gebäude der Königlichen Artillerie- und Ingenieurschule wurde nach einem Plan von Baurat Voigtel errichtet und im Dezember 1876 eingeweiht. Die Längsseite in der Gravelottestraße ist die Hauptfront. Ein Verblendziegelbau mit siebenundzwanzig Achsen.
Seit 14.11.1901 heißt sie Fasanenstraße, benannt nach dem von Friedrich dem Großen 1775 im nahen Hopfenbruch angelegten königlichen "Fasanerie-Gehege und -Garten".
An der Stelle der Artillerieschule steht heute die Berliner Bank.

Die Hochschule für bildende Künste hat eine lange Geschichte. Kurfürst Friedrich III. (ab 1701 König Friedrich I.) und seine Gemahlin Sophie Charlotte waren an Wissenschaft und Kunst sehr interessiert. Damals gab es in Europa nur zwei Akademien für Künste, aber keine in Deutschland. Friedrich und Sophie Charlotte wünschten nun die Gründung einer solchen Akademie in Berlin. Sie erfolgte dann im Jahre 1696. Diese Akademie hatte zwei Aufgaben zu erfüllen: „Sie sollte Künstler heranbilden und den Staat in allen Kunstfragen beraten". Sehr viel später, nämlich erst 1869, wurde auch eine Hochschule für ausübende Tonkunst (Musik) in Berlin gegründet. Diese beiden Institute waren so lange in Berlin ansässig, bis für sie in den Jahren 1898-1902 in der Hardenbergstraße in Charlottenburg neue Gebäude errichtet wurden, denen später noch Erweiterungsbauten folgten. So waren diese Hochschulen zwar zusammen in einem großen Gebäudekomplex untergebracht, aber jede für sich eine selbständige Einrichtung.

1902 errichteten die Architekten Kayser und von Großheim auf einem Teil der königlichen Baumschulen an der Hardenbergstraße neben der 1876 entstandenen Artillerie- und Ingenieurschule die Hochschulen für die bildenden Künste und für Musik. Dank ihres Direktors Anton von Werner, jahrelang Vermittler wilhelminischen Kunstverständnisses, entwickelte sich die Kunsthochschule nach dem Umzug nach Charlottenburg zu einer der bedeutensten in Deutschland. Ähnlich erging es der Musikhochschule, der seit 1902 das Institut für Kirchenmusik angegliedert war. Unter der Leitung des Violinisten und Komponisten Joseph Joachim war die Ausbildung auf Virtuosität und individuelle Spitzenleistung ausgerichtet, und hatte ihre kreativste Phase in den ersten Jahren nach dem Ende der Monarchie.
Gegenüber der Hochschule liegt der Steinplatz. In Richtung Gedächtniskirche, das erste Gebäude ohne Türmchen neben der Hochschule, ist die Artillerie- und Ingenieurschule zu sehen. Vor der S-Bahnüberführung auf der linken Seite sieht man noch die Gerüste vom Bau des Oberverwaltungsgerichtes.

Gegenüber dem Steinplatz liegt auf der rechten Bildseite das Hauptgebäude der Königlichen Akademie der Künste, welches mit seinem Turm straßenbeherrschend ist und sich gut in die Hardenbergstraße eingliedert. Rund um den Steinplatz entstand ein wohlhabendes Viertel. Alle Straßen erhielten ein gutes Pflaster, entweder aus kantigen Feldsteinen oder Asphalt. Auf die Bürgersteige wurden die für Charlottenburg typischen glatten Steinplatten gelegt. Wo Raum war, wurden Bäume gepflanzt, die in späteren Jahren mit ihrem Grün den Straßen einen besonderen Charme und im Sommer Schatten gaben. Auch der Mittelstreifen, auf dem die Straßenbahn fuhr, wurde mit Grünflächen begrenzt. Besonders schön waren die Doppelreihen der Gaslaternen neben den Gleisen, so dass diese wichtige Straße durch vier Reihen beleuchtet war. Es waren damals noch glanzvolle Zeiten, als man so großzügig bauen und beleuchten konnte.

Der Steinplatz ist seit 1885 benannt nach Heinrich Friedrich Karl Reichsfreiherr vom und zum Stein (1757-1831). Er entwickelte die Leitideen für die preußische Staatsreform (Bauernbefreiung, Städteordnung). Das Edikt vom 24.11.1808 schuf eine einheitliche Staatsverwaltung und ein Staatsministerium mit moderner Ressorteinteilung. In Denkschriften machte Reichsfreiherr vom und zum Stein Vorschläge zu einer Deutschen Reichsverfassung. Es gelang ihm, Zar Alexander I. zu überzeugen, den russischen Verteidigungskrieg im Frühjahr 1813 als einen europäischen Freiheitskrieg gegen Napoleon weiterzuführen. Der Steinplatz fügt die Goethe-, Carmer- und Uhlandstraße zusammen, die alle auf die Hardenbergstraße zuliefen und sich nun an einem an deren Südrand ausgesparten viereckigen Platz trafen. So erhielt die Stadt Charlottenburg eine weitere Grünfläche mit parkähnlichen Anlagen gegenüber der Hochschule für Künste. Hier finden nicht nur die Anwohner, sondern auch Studenten Platz zum Ausruhen.

Jedes kleine Kind bleibt entzückt vor dem Brunnen mit den zwei Entengruppen stehen, um die Enten zu streicheln. Deshalb heißt dieser Brunnen vor dem Renaissancetheater liebevoll "Streichelbrunnen". Vom vielen Streicheln sind die Enten blank gerieben. Sie wurden vom Tierbildhauer August Gaul gestaltet. Gegenüber blickt man zum Staatlichen Akademischen Institut für Kirchenmusik. Es sieht aus wie ein mittelalterlicher Bau, wurde aber erst 1902/03 von den Architekten Anton Adams und Paul Mebes errichtet. Hier werden seit hundert Jahren Organisten, Kantoren, Chordirigenten und Musiklehrer ausgebildet. Diese Einrichtung geht auf eine Initiative des ersten preußischen Musikprofessors und späteren Komponisten Karl Friedrich Zelter (1758-1832) zurück. Früher war das Institut in der Oranienstraße, zog 1889 zur Potsdamer Straße um und 1903 dann endgültig in eigene Räume. Der Bau im Stil der Romantik ist mit rotem Farbsandstein verkleidet. Der Eckturm vereint zwei verschiedene Fassaden.

An der Hardenbergstraße 6/Ecke Knesebeckstraße steht heute das Renaissance-Theater, ein 1902 von den Architekten Reimer und Körte erbauter Musentempel, der eine interessante Vorgeschichte hat. Ende des 19. Jahrhunderts plante der "Akademische Verein Motiv" den Bau eines eigenen Vereinshauses auf einem Grundstück, das dem Königlichen Baurat Wilhelm Böckmann gehörte. Der aus dem Verein hervorgegangene Architekt Georg Reensch entwarf das erste Baukonzept, das jedoch abgelehnt wurde. Der zweite und dann befürwortete Entwurf, den ein aus den Architekten Alfred Messel, Hermann Ende und Ludwig Hoffmann bestehendes Fachgremium favorisiert hatte, kam schließlich zur Ausführung. Im Ersten Weltkrieg wurde das Gebäude Lazarett und erhielt eine Gaststätte im Untergeschoß. Später wurde es Kino, dann als "Terra-Theater" und "Kleines Haus des Schiller-Theaters" bekannt.

Ein schöner Blick die Hardenbergstraße hinunter bis zum Knie (heute: Ernst-Reuter-Platz). Auf dem Foto sieht man rechts das Staatliche Akademische Institut für Kirchenmusik mit der von der Straße abgewandten Fassade, die architektonisch unterschiedlich von der Fassade zur Straßenfront ist. Der verbindende Turm erfüllt architektonisch seine Aufgabe hervorragend. Die Gebäudefront auf der rechten Seite endet am Knie mit dem helleren Gebäude des Hotels Hippodrom. Am Ende der Straße sieht man die beiden U-Bahn-Eingänge am Knie und viel Grün. Es gibt viele alte Geschichten, Verse, Wortspiele und Witze vom "Knie", die leider nicht stubenrein sind. Interessant ist aber, daß die Charlottenburger nicht gegen die spätere Umbenennung protestierten. Dem wohl beliebtesten Berliner Regierenden Bürgermeister Ernst Reuter gönnten sie sogar ihr "Knie" seit dem 1. Oktober 1953.

Im Jahre 1914 gab es in Charlottenburg an städtischen höheren Lehranstalten für die männliche Jugend: 1 Gymnasium (Mommsen-Gymnasium), 1 Realschule (Schiller-Realgymnasium), 1 Gymnasium mit Realschule (Kaiser-Friedrich-Schule), 1 Realgymnasium mit Realschule (Herder-Schule), 2 Oberrealschulen und zwar die Siemens Oberrealschule und die auf dem Foto abgebildete Leibniz-Oberrealschule in der Schillerstraße in der Nähe der Hardenbergstraße, 1 Realschule und 2 Realschulen in der Entwicklung (Realschule II und III). Einschließlich der in diesen Anstalten vorhandenen Vorschulklassen besuchten 1905 3.429 und 1914 5.058 Schüler höhere Knabenschulen in Charlottenburg. Die quantitative Ausweitung des gesamten Schulwesens der Stadt wie auch die Verbesserungen, etwa die Anhebung der Lehrergehälter, die schließlich weit über dem preußischen Durchschnitt lagen, spiegeln die finanzielle Entwicklung der Kommune im 19. und beginnenden 20. Jahrhundert wider: Möglich sei, so berichtete der Rektor Paul Voigt im Jahre 1905, das alles natürlich nur, weil Charlottenburg infolge der starken Steuerkraft seiner Bevölkerung die reichste Stadt Preußens ist.

Ein Blick von der Hardenbergstraße in Richtung Knie (heute: Ernst-Reuter-Platz). Die Straßenbahngleise wurden um den Eingang der Untergrundbahn auf dem Mittelstreifen geführt, einen zweiten U-Bahneingang findet man auf dem linken Bürgersteig. Links im Bild, zwischen der Bismarck- und der Berliner Straße (heute: Otto-Suhr-Allee), wo sich heute das Hochhaus der Berg- und Hüttenleute der Technischen Universität (das frühere Telefunken-Hochhaus) befindet, stand zur Kaiserzeit das 1896 errichtete "Hotel Fürst Bismarck am Knie", das spätere "Grand Hotel". Es wurde von den Kaufleuten Hugo und Max Balck finanziert, ein reich gegliedertes, von Ecktürmen gekröntes fünfgeschossiges Gebäude. Später hieß es "Hotel am Tiergarten" und auch "Grand Hotel am Knie". Es hat eine bewegte Geschichte und diente nach der Auflösung des Hotelbetriebes ab 1939 der Verwaltung des Deutschen Reiches. Rechts im Bild die Villa des Bankiers Reichenheim.

Der noch als "Knie" (heute Ernst-Reuter-Platz) bekannte Kreuzungsbereich war ursprünglich End- und Ausgangspunkt von sechs strahlenförmig aufeinander zulaufenden Straßen ohne jegliche gartenkünstlerische Gestaltung. Bis 1830 hieß das Gelände "Umschweif". Um die Mitte des 19. Jahrhunderts standen hier nur zwei Häuser. Auf dem Bild schauen wir rechts in die Hardenbergstraße Richtung Zoologischer Garten. Das Hippodrom-Eckhaus mit der großen Freitreppe zum Restaurant Hippodrom liegt links an der Berliner Straße (heute: Straße des 17. Juni). Sie führt zum Charlottenburger Tor. Damals hatte die Straße reichen Baumbestand. Typisch für die damalige Zeit der Blumenverkäufer rechts im Bild. Auf dem Mittelstreifen der Hardenbergstraße erkennt man den Eingang zur Untergrundbahn. Das Gebäude dahinter ist die Hochschule für Kirchenmusik und das Gebäude mit dem Turm ist die Hochschule für Musik und bildende Künste.

Ein herrlicher Blick vom Knie (heute: Ernst-Reuter-Platz) in die Berliner Straße (heute: Otto-Suhr-Allee). Noch ist das Rathaus nicht errichtet, das dieser Straße später mit dem Rathausturm ein weithin sichtbares Zeichen gibt. Beeindruckend sind nicht nur der breite Fahrdamm, sondern auch die überbreiten Bürgersteige mit jeweils zwei Baumreihen. Hier sieht man auch einen regen Straßenbahnverkehr: aus Pferdebahn und pferdelose, vierachsige Akkumulatoren-Triebwagen.
Links das Hotel Fürst Bismarck am Knie mit einem großen Vorgartenrestaurant und rechts im Bild die repräsentative Villa mit Treibhäusern des Bankiers Reichenheim, erbaut von Friedrich Hitzig. Daneben fast völlig von Bäumen verdeckt, befinden sich die Villen vom Bankdirektor Warschauer, die von Jean Benda und dann die Residenz des Fabrikbesitzers Werner von Siemens. Diese vier Familien verfügten über ein Vermögen von vierzig Millionen Goldmark. Bei von Siemens wurde am l. März 1879 zum ersten Male im Deutschen Reich elektrisches Licht eingeschaltet. Gäste wie Helmholtz, Mommsen, Heinrich von Stephan, Rudolf Virchow und Friedrich Archenhold waren häufig in der Villa von Siemens zu Besuch.

Ein weiterer Blick in die Berliner Straße (heute: Otto-Suhr-Allee). Jetzt beherrscht der Turm des Rathauses die Straße. Das Schloß am Straßenende ist kaum zu erkennen. Inzwischen ist die Straßenbahn elektrifiziert und die breite Fahrbahn zentral beleuchtet. Schon ist ein Automobil dabei die Pferdedroschke zu überholen und eine neue Zeit, die des pferdelosen Antriebes, wird eingeläutet. Diese wichtige Straße ließ König Friedrich I. als Fortsetzung der "Linden" und der Charlottenburger Chaussee (heute: Straße des 17. Juni) anlegen, denn Lietzow und das westlich davon errichtete Schloß Lietzenburg/Charlottenburg lagen verkehrsmäßig abseits vom Netz der preußischen Land- und Wasserverbindungen. Diese verkehrsungünstige Lage ist einer der Gründe, warum die Entwicklung der Ortschaft Charlottenburg so lange abhängig blieb, ob die preußischen Könige am Schloß und seinen Anlagen Interesse zeigten, dort gerne weilten und in sie baulich investierten oder nicht.

In Charlottenburg hatten sich im Laufe der Zeit so viele Familien angesiedelt, daß das kleine Schulhaus in der Kirchstraße (heute: Gierkezeile) nicht mehr alle Kinder aufnehmen konnte. Mehrere Schulen mußten also errichtet werden. Die erste gründete der Schulmann Cauer, der damals nach Charlottenburg kam. Er erwarb das "große Kaffeehaus", ein einstöckiges Gebäude mit einer Freitreppe und zwei Flügeln, die einen Vorgarten umschlossen. In der Schule führte Cauer auch das Turnen (welch ein Fortschritt!) ein und baute eine Badeanstalt an der Spree. Aus der Cauerschen Erziehungsanstalt wurde später das Kaiserin-Auguste-Gymnasium. Dieses erhielt ein neues großes Schulgebäude in der Cauerstraße, in dem jetzt die 8. Grundschule untergebracht ist, die 1954 den Namen Ludwig-Cauer-Schule erhielt. Lange Zeit war die Cauersche Erziehungsanstalt das Haus Nummer 1 in der Berliner Straße (heute: Otto-Suhr-Allee). Hier an den "Berliner Hecken" zogen Zollbeamte die Akzise (Binnenzoll) ein. Damit alle Fuhrwerke hielten, war die Straße durch ein Gitter abgesperrt.

Das von Ludwig Cauer gegründete Erziehungs-Institut für höhere Stände mußte 1834 geschlossen werden, da nur noch wenige Familien die Schulkosten von 300 bis 400 Talern aufbringen konnten. Es wurde dann vom Staat übernommen und auch anderen Schülern geöffnet. Gleichwohl behielt die Schule den Charakter einer Privatschule. Die Schule wurde 1869 das erste Gymnasium Charlottenburgs und erhielt anläßlich des fünfzigjährigen Bestehens 1876 die Verleihung des Namens "Königliches Kaiserin-Augusta-Gymnasium". Damit war der Typ des humanistischern Gymnasiums als bürgerliche Eliteschule auch in Charlottenburg heimisch geworden. Eine Anstalt mit dem Ziel, ihre Schüler gemäß dem Ideal der Humanität, das einst von den Edelsten der Griechen gebildet und von den Eliten der Nation ausgestaltet worden ist, auszubilden. Im Jahre 1886 wurde der hundertste Abiturient entlassen. Bis zum Jahre 1895 waren es lediglich 200, welche die Reifeprüfung bestanden hatten. Die meisten der 2500 in den Jahren 1874 bis 1895 aufgenommenen Schüler verließen die Schule schon vor Erreichung des Abiturs und bekamen Zeugnisse mit "Berechtigung" verliehen. Das Gebäude befindet sich in der Cauerstraße nahe der heutigen Otto-Suhr-Allee.

Die Krumme Straße ist den Charlottenburgern bekannt als Ort ihres ersten Hallenschwimmbades. Diese Straße war zuerst Teil der Kirchhofstraße und wurde 1735/36 umbenannt. Sie erhielt ihren Namen von der krummen Straßenführung. Der auffälligste Bau in der Krummen Straße ist das Stadtbad (links in der Bildmitte). Durch seine Dimension und die reichverzierte Fassade durchbricht die ehemalige Volksbadeanstalt zusammen mit der Gemeindeschule XV die angrenzende Bebauung. Der heute unter Denkmalschutz stehende Bau wurde nach Plänen des Stadtbaurates Paul Bratring und des Stadtbauinspektors Peters erbaut. In der Gegend um die Krumme Straße war die Zeit ansonsten stehengeblieben. Vom großartigen Aufbruch Charlottenburgs spürte man herzlich wenig. Sie wurde zu einem Arbeiterviertel mit wenigen kleinen Handwerksbetrieben. Die kleinen Wohnungen waren total überbelegt. Das schlug sich auch in der Krankenstatistik nieder. Der Ausspruch Zilles: „Man kann einen Menschen mit seiner Wohnung genauso umbringen wie mit einer Axt!“, traf hier zu.

Der Schiffbaumeister Kräusel betrieb seit dem 25. Juni 1850 an der Spree eine Flußbadeanstalt, die vor allem Soldaten und ärmere Bürger besuchten. Sie wurde am 28. April 1878 geschlossen. Das Motto des "Deutschen Vereins für öffentliche Gesundheitspflege" lautete 1879: „Duschen ist gut, Baden ist besser, das Beste aber ist das Schwimmen." Als der Charlottenburger Magistrat über den Bau einer städtischen Badeanstalt nachdachte, kam ein Freibad an der Spree wegen des regen Schiffsverkehrs und der starken Verschmutzung des Wassers nicht mehr in Frage. Die reiche Gemeinde Charlottenburg erhielt im Sommer 1898 eine Badeanstalt mit einer geräumigen Schwimmhalle, 38 Badewannen und 23 Brausezellen für 409.870,97 Goldmark. Es war selbstverständlich, daß die Geschlechter getrennt badeten und schwammen. Die Männer hatten dazu wöchentlich 60 Stunden Gelegenheit, die Frauen 34 Stunden. Die Zahl der weiblichen Badegäste stieg zwar in den Friedensjahren kontinuierlich, blieb aber immer um mehr als die Hälfte hinter den Männern zurück. Der Eintritt kostete 20 Pfennige, für Kinder zehn.

Als die Chaussee durch den Tiergarten fertig war, kamen die Berliner in hellen Scharen nach Charlottenburg. Einige Berliner Fuhrwerksbesitzer besorgten den Verkehr zwischen Berlin und Charlottenburg. Mit großen Wagen stellten sie sich am Brandenburger Tor auf und warteten auf Fahrgäste. Nach ihrem Standplatz wurden die Fahrzeuge "Torwagen" genannt. Eine Fahrt mit ihnen kostete zwei und einen halben Groschen. Aber der Kutscher startete erst, wenn der Wagen voll besetzt war. Die ungeduldigen Fahrgäste tröstete der Kutscher mit den Worten: „Et fehlt ja bloß noch eine lumpichte Person". Ging die Fahrt endlich los, dann wollte häufig unterwegs noch ein Spaziergänger aufsteigen, der dann nur noch einen Groschen zahlte. An schönen Tagen und an den Wochenenden war der Verkehr so groß, daß die Torwagen ihn kaum bewältigen konnten. Ziele waren oft die beliebten Restaurants an der Berliner- und an der Schloßstraße. Zu diesen gehörte auch "Muscows Kaffeegarten", wie auch die Groß-Bier-Halle "Zur Sonne" an der Cauerstraße.

Zur Charlottenburger Geschichte gehört eine städtische und auch eine dörfliche Tradition. Es wäre jedoch ein Irrtum zu meinen, die Stadt Charlottenburg sei aus einem Dorf hervorgegangen. Das Dorf Lietzow wurde 1720 der Stadt Charlottenburg eingemeindet. Während die Geschichte Charlottenburgs erst in neuerer Zeit beginnt, reicht die Lietzows bis ins Mittelalter zurück. Der Name geht auf das alte Dorf Lütze (Lützow, Lietzow) zurück, das 1213 von dem Nonnenkloster St. Marien (Spandau) an der Stelle des Hofes Lusce (Lucene) gegründet wurde.

Auf dem Bild sieht man den Kirchturm der Herz-Jesu-Kirche, das erste katholische Gotteshaus Charlottenburgs. Diese von Baurat Prof. Stier im Jahre 1875 errichtete Kirche genügte anfangs der damals kleinen mehrere hundert Seelen zählenden Gemeinde. Mit der sprunghaften Entwicklung Charlottenburgs zur Großstadt vergrößerte sich auch die Anzahl der Katholiken auf 35.000 Seelen am Ende der Monarchie. Dieser seltenen, wohl einzig dastehenden Riesenpfarrei, standen in der kleinen Kirche nur 518 Quadratmeter mit 474 Sitzplätzen zur Verfügung. 1884 wurde hier die "Kolpingsfamilie Charlottenburg 1884" (damals: Katholischer Gesellenverein) gegründet, eine der größten und vitalsten Gruppierungen im gesellschaftlich und sozial aktiven Kolpingswerk. Mitte rechts im Bild die Feuerwache Alt-Lietzow.

Seit 1825 konnten die Ausflügler am Brandenburger Tor den "Kremser" besteigen, ein fünfzehn bis zwanzig Personen fassender Pferdewagen mit Verdeck und offenen Seiten. Das "Türkische Zelt" war meistens die erste Station der Ausflügler der Berliner Gesellschaft. Vor dem "Türkischen Zelt" sitzt die feinere Bourgeoisie bei Kaffee, eine Gesellschaft alter Bonvivants bei Rotwein und ein Quartett von Charlottenburger Stadtmusikanten. Damit die vergnügungshungrigen Gäste nicht durch Straßenstaub vom Besuch der Gastwirtschaften abgehalten wurden, veranlaßte König Friedrich Wilhelm III., daß die gesamte Chaussee täglich von mehreren Sprengwagen beregnet wurde. Mitglieder der 1809 gegründeten "gesetzlosen Gesellschaft" nahmen hier des öfteren ihr "Sommerquartier". Der "Speisesatz" war auf einen Reichstaler pro Person festgesetzt, das Übrige wurde mit dem Wirt abhängig von der eigenen Börse verabredet.

Das "Türkische Zelt" war im 19. Jahrhundert eines der beliebtesten Gasthäuser und Ausflugslokale Charlottenburgs. In der Berliner Straße (heute: Otto-Suhr-Allee), die zum Schloß führt, waren zahlreiche Kaffeehäuser und Gastwirtschaften entstanden. Sie prägten neben den herausgeputzten mit Vorgärten versehenen Sommerhäusern wohlhabender Bürger und dem Grün der Bäume das Bild der "Hauptstraße" Charlottenburgs. Im Jahr 1811 befanden sich hier elf von siebzehn Lokalen Charlottenburgs. 1824 zählte man bereits siebzehn allein in der Berliner Straße. Zu den bekanntesten gehörten die Muscowsche Gastwirtschaft, später Kaffeehaus Morelli, in unmittelbarer Nähe des Schlosses und das Hippodrom am Knie (heute: Ernst-Reuter-Platz). Gewinnsucht vermehrte die Zahl der Gasthäuser in Charlottenburg. Man spekulierte vor allem auf die Geldbeutel der Berliner, die im Sommer Charlottenburg besuchten.

Einem Projekt der Stadt wandte König Friedrich Wilhelm IV. seine besondere Fürsorge zu. 1845 entwarf Friedrich August Stüler für das eingemeindete Dorf Lietzow eine neue Dorfkirche im Zentrum von Alt-Lietzow. Aber erst drei Jahre später kam es unter der Leitung des Bauinspektors Manger zur Ausführung. Unter Verwendung des Mauerwerks der kleinen mittelalterlichen Saalkirche entstand ein modernes neugotisches Kirchlein mit zwei überaus schlanken Türmen an den Ecken der westlichen Eingangsfassade, wie sie auch für die zur gleichen Zeit restaurierte Berliner Klosterkirche oder die 1858/59 nach dem Entwurf von Stüler errichteten Dorfkirche in Pankow charakteristisch waren. Der alte Dorfanger, hier links im Bild zu sehen, wurde offensichtlich nach Abschluß des Kirchbaues gärtnerisch gestaltet, seine Funktion als Friedhof hatte er schon vorher verloren. Der Neubau der Lietzower Kirche und öffentliche Bauten im Umfeld belebten die private Bautätigkeit und ließ Charlottenburg in diese Richtung wachsen.

Blick vom Rathausturm in Richtung Technische Universität. Auf der rechten Bildseite sieht man die Berliner Straße (heute: Otto-Suhr-Allee) mit ihrer breiten Fahrbahn und regem Pferdekutschenverkehr in Richtung Knie (heute: Ernst-Reuter-Platz). Dort enden die doppelten Baumreihen auf den beiden Bürgersteigen, die diesem Straßenzug ein besonderes Aussehen gaben. Am Ende dieser Baumreihen verbreitert sich die Baumbepflanzung nach links, wo die feudalen Villen der Bankiers und Industriellen in großen Gärten stehen. Die Baumreihe biegt dann ab in die Marchstraße. Man erkennt sehr gut das gewaltige Gebäude der Technischen Universität in der oberen Bildmitte und am Knie das weiße Hotel Hippodrom. Im Vordergrund an der Straßenfront befindet sich das Gebäude der Post mit dem hohen Türmchen. Das nächste Gebäude mit der hohen Brandmauer ist das "Türkische Zelt", das nun in einem hohen Gebäude beheimat ist und als Treffpunkt der Eliten für Feste aller Art mit einem großartigen Restaurant dient.

Im Jahre 1817 fuhr zum ersten Male ein Dampfer die Spree entlang und verkehrte dann regelmäßig zwischen der Hauptstadt Preußens und Charlottenburg. Die Fahrt kostete damals vier Groschen. Es gab auch bessere Plätze zu acht Groschen. Das war den meisten Bürgern jedoch zu teuer und der Dampfer blieb oft leer. Nur an Sonntagen, wenn die Torwagen für den starken Verkehr nicht ausreichten, fanden sich für den Dampfer genug Fahrgäste ein. Mit der Zeit machte man es den Ausflüglern bequemer. Regelmäßig verkehrende Pferdeomnibusse wurden eingerichtet. 1861 fuhr der Pferdeomnibus 40 mal am Tage nach Charlottenburg. Noch besser wurde es 1865, als die neugebaute Pferdestraßenbahn (Pferdebahn) ihren Betrieb aufnahm. So kam man noch günstiger nach Charlottenburg zu den beliebten Restaurants.

Ziel der Berliner waren die guten Restaurants in Charlottenburg. Für die meisten Berliner Fahrgäste war das lange Warten am Brandenburger Tor, bis ein Torwagen voll war, doch recht unangenehm. Oft schimpften sie auf die "Charlottenburger". Da kam der Berliner Fuhrherr Kremser auf den Gedanken, seine neuen Torwagen zu genau festgesetzten Zeiten abfahren zu lassen, auch wenn sie nicht voll besetzt waren. Als Fahrgeld verlangte er aber drei Groschen. Von nun an gab es am Brandenburger Tor zwei Arten von Wagen, nämlich die alten "Charlottenburger" und die neuen "Kremser". Wer es eilig hatte, benutzte den Kremser, wer aber viel Zeit hatte, fuhr mit dem Charlottenburger und sparte einen halben Groschen. Ein beliebtes Ziel in der Berliner Straße (heute: Otto-Suhr-Allee) war das Logen-Restaurant gleich neben dem Postamt Charlottenburg.

Logen-Restaurant und Festsäle, Inhaber Richard Franke, Charlottenburg, Berliner Strasse 61
Fernsprecher Amt Wilhelm 336

Einen Schub in ihrer Entwicklung hat die Berliner Straße (heute: Otto-Suhr-Allee) von 1800 ab vom Knie aus genommen. In der Nähe von Reitbahn und Industriegelände ließen sich hier Bankiers und Großindustrielle nieder. Der Kaufmann Bleichröder gehörte dazu, dessen Villa sich bis 1881 links neben dem Hippodrom-Restaurant befand. An der Ecke von Berliner- und Marchstraße ließ 1863 Bankier Reichenheim von Friedrich Hitzig eine repräsentative Villa mit Treibhäusern errichten. Seine Nachbarn zur Linken waren Bankier Warschauer und Fabrikbesitzer von Siemens, in dessen von Richard Lucae gebautem Haus 1879 erstmalig in Charlottenburg elektrische Beleuchtung erstrahlte. Charlottenburg zog nach und nach immer mehr Industrielle, Bankiers und die Eliten an. Es entwickelte sich zu einem geistigen Zentrum besonderer Art im Deutschen Kaiserreich. Viele der gut betuchten Bürger Charlottenburgs waren Freimaurer und das Logen-Restaurant Treffpunkt und Ort ihrer großen Festveranstaltungen.

Im Frühjahr 1884 erwarb die Stadt Charlottenburg das Grundstück Berliner Straße 72 (heute: Otto-Suhr-Allee), auf dessen vorderem Teil sich kleine Wohngebäude in mangelhaft baulichem Zustand befanden, zum Preis von 160.000 Goldmark. Im Bild auf der linken Seite sind dies die kleinen Gebäude hinter den vier vierstöckigen Gebäuden. Zusammen mit dem Nachbargrundstück Nr. 73 ergab sich ein ideales Grundstück für den Rathausbau. Bevor das Rathaus errichtet wurde, fuhren bereits auf der Berliner Straße elektrische Straßenbahnen und Pferdekutschen. Auch sieht man auf dem Bild Reiter hoch zu Roß.
Die Straße verfügte über sehr breite Bürgersteige mit Grünstreifen und reichem Baumbestand. Die elegante Damenwelt trug lange Kleider. Gaslaternen sorgten nachts für romantisches Licht. Auf der linken Seite erkennt man eine Litfaßsäule und rechts eine der beliebten Wasserpumpen. Die vier Straßenbahntriebwagen, einer davon mit offenem Anhänger, haben als Ziel den Straßenbahnhof Charlottenburg am S-Bahnhof Westend.

Charlottenburg, Rathaus-Portal. Zur Erinnerung an die Einweihungsfeier.

1905 baute Charlottenburg ein neues Rathaus. Größe und bauliche Ausprägung des Bauwerkes entsprechen dem Selbstbewußtsein und der Bedeutung der damals wohlhabensten Stadt Preußens und des Kaiserreiches. 1895 fiel der Entschluß zum Neubau. Die Kosten wurden mit 3 Millionen Goldmark veranschlagt. Auf Grund der Wettbewerbsausschreibung gingen 52 Entwürfe ein. Die Entscheidung fiel auf die Pläne der Charlottenburger Architektenvereinigung Heinrich Reinhardt und Georg Süßenguth. 1899 begannen die Erdarbeiten. Die Kosten wurden bereits mit 4 Millionen Goldmark eingeplant. Am 7.2.1901 erfolgte die Abnahme des Rohbaues und am 20. Mai 1905 die feierliche Einweihung. Die Kosten betrugen schließlich 4 147 000 Goldmark. Das Hauptgebäude ist 70 Meter lang, die Seitenflügel im Westen 113, im Osten 133. Der neunzig Meter hohe Turm wurde ein weithin sichtbares Wahrzeichen der Stadt. Die gotisierenden Elemente der Fassade sowie der Zierrat wurden dem Jugendstil angepaßt. Die Fassade zeigt allegorisierenden Darstellungen der Gerechtigkeit und Weisheit, verschiedener Stände sowie des Kampfes ums Dasein.

Der Stadtverordnetensaal des Rathauses hatte die Form eines halben Ovals mit rechteckigem Abschluß, maß in der Länge 16,5 und in der Tiefe 14,2 Meter, während die Höhe rund 9 Meter beträgt. Der Saal bot 103 Stadtverordneten und 28 Vertretern des Magistrats Platz. Die Architektur des Sitzungssaals entsprach den Gestaltungsmerkmalen der Flure und der Treppenhäuser. Der rechte Winkel als raum- und strukturbildendes Merkmal fehlte im Saal fast völlig. Die Ecken wurden durch große gewölbte Pfeiler verdeckt. Beim Rahmen des Oberlichtes und der Tribünen hatten die Architekten Reinhard und Süßenguth die Ecken abgerundet. Sie hatten ein stark ausgeprägtes Gefühl für das dekorative Element, Sinn für originelle Kompositionen und Farbenreichtum, das von Bertold Grzywatz als "stilitistische Permutation" bezeichnet wurde.

Hauptmann Lehmann hat diese Luftaufnahme von einem Ballon aus gemacht. Das neue Rathaus auf dem 7.590 qm großen Grundstück in der Berliner Straße ist fertiggestellt, hat eine imponierende Ausstrahlung und 8.742 qm Nutzfläche. Man schaut von oben auf die beiden Seitenflügel, das Quergebäude und den rückwärtigen Gebäudeteil des Rathauses an der Straße Alt Lietzow. An der rechten Bildkante erkennt man in der Mitte den Platz vom Dorf Lietzow, das mit Charlottenburg vereint wurde. Vom Platz Alt-Lietzow waagerecht nach links auf halber Strecke zur Rückseite des Rathauses sieht man den nach Norden ausgerichteten Giebel der ersten katholischen Kirche Charlottenburgs "Herz Jesu".
Große Freiflächen nördlich vom Rathaus und hinter der Spree laden zum weiteren Ausbau der Stadt ein. Auf der linken Bildseite erkennt man den Wilhelmplatz (heute: Richard-Wagner-Platz) mit zwei U-Bahnhofausgängen. Allgemein zeigt diese Aufnahme, daß die Stadt noch nicht komplett ist und es noch viel zu tun gibt.

Ein interessanter Blick in die Feinbäckerei und Konditorei von Franz Weber in der Berliner Straße 75 (heute: Otto-Suhr-Allee), direkt neben dem neuen Rathaus Charlottenburg. Die frischen Backwaren hatte man fein säuberlich offen ohne gläsernen Schutz auf dem Verkaufstresen ausgelegt und in dem hohen Regalschrank wohlfeil sortiert. Ein Schild gibt den Hinweis: "Bleche und Formen nur gegen Pfand". Alles ist noch verschnörkelt, die Decke mit Stuck verziert, und die Herren (wo sind die Damen?) sitzen an Marmortischen mit gußeisernem Unterbau und genießen Kaffee und Kuchen und die Herren im Hintergrund ihr Bier. Der Konditormeister Weber mit wilhelminischem Bart schaut stolz als Besitzer in die Kamera. Seine Frau schneidet für dieses Foto eine Sahnetorte an, während die schwarz gekleidete Verkäuferin eine Tüte füllt. Die Kellnerin mit weißer Schürze ist im Stile der Dienstmädchenkleidung der Kaiserzeit gekleidet. Ein Zeitdokument vergangener Epoche.

1906 erhielt das Charlottenburger Rathaus mit der Untergrundbahn-Endstation Wilhelmplatz (heute: Richard-Wagner-Platz) eine Verbindung mit Berlin. Von diesem Sackbahnhof fuhren die Züge über Knie (heute: Ernst-Reuter-Platz), Zoologischer Garten, Wittenbergplatz zur Warschauer Brücke oder über den Abzweig Gleisdreieck zum Spittelmarkt in das Herz der benachbarten Reichshauptstadt. Seit dem 11. März 1902 verfügte die Stadt Charlottenburg über eine Untergrundbahn, die vom Zoo zum Potsdamer Platz fuhr. Beim Bau der Untergrundbahn am Wilhelmplatz hat die berühmte Charlottenburger Transportfirma Hertling täglich 200 Fuhren märkischen Sand abtransportiert. Übrigens wurde der meiste Sand der Tunnelausschachtungen für die Anhäufung eines Berges hinter der späteren Deutschlandhalle benutzt. Diese wertvolle Sand- bzw. Kiesreserve wurde erst in den Jahren 1960/1970 genutzt. Der Berg mit einer herrlichen Aussicht wurde abgetragen.

Wer auf diesen eleganten Wilhelm-Platz mit der U-Bahn-Endstation (heute: Richard-Wagner-Platz) am Rathaus schaut, vermutet nicht, daß hier früher der Pferdemarkt abgehalten wurde. Charlottenburg war besonders durch seine Pferdemärkte volkstümlich geworden. Sie wurden anfangs sechsmal und seit 1865 achtmal im Jahr auf dem Wilhelm-Platz abgehalten. In den ersten Jahren wurden durchschnittlich 400 Pferde auf den Markt gebracht. Später wurden es immer mehr. So reichte der Marktplatz nicht mehr aus, um alle Pferde zur Schau zu stellen. Daher wurden die Spreestraße (heute: Richard-Wagner-Straße und Wintersteinstraße) und die Berliner Straße (heute: Otto-Suhr-Allee) bis zum "Türkischen Zelt" (Ecke Cauerstraße) zum Abstellen der Pferde mit einbezogen. Zunächst wurden nur brauchbare Pferde angeboten. Der Markt hatte einen guten Namen. Da einige Händler versuchten altersschwache Pferde an den Mann zu bringen, kam es zu Schlägereien. Diese Pferde wurden vom Zoo zu 9 1/2 Taler und 15 Groschen für die Raubtiere gekauft. Der Spruch: "Berliner Kind, Spandauer Wind*, Charlottenburger Pferd, sind alle drei nichts wert", zeugt daher.

*Westwind bringt häufig Regen.

Drei Jahre nach der Stadtgründung erhielt Baumeister Phillip Gerlach von König Friedrich I. den Auftrag eine evangelische Kirche zu errichten. Sie erhielt den Namen: "Neue Kirche aufm Berg". Der Berg wurde teilweise abgetragen und damit der Karpfenteich gefüllt. Am 13. Juli 1712 erfolgte die Grundsteinlegung. Nach Baubeginn kam 1714/15 das Gerücht auf, Bauleute, Architekt, Lehrer und Pfarrer, wahrscheinlich auch der Bürgermeister, hätten in seltener Einträchtigkeit Geld vom Turmbau vertrunken. Der Finanzminister kürzte daraufhin die Bausumme von 10.000 Talern um ein Drittel. Nun konnte ein kümmerliches Türmchen gebaut werden, in dem eine kleine aus dem Rathaus geliehene Glocke hing. Erst 110 Jahre später konnte dank Pfarrer Dressel ein weithin sichtbarer Turm errichtet werden. Nach dem Umbau am 11. Juni 1826 wurde sie unter dem Namen Luisenkirche, zu Ehren von Königin Luise, eingeweiht. Reformierte und Lutheraner bildeten am 18.6.1830 die Union in Preußen. Neue Pfarreien und zahlreiche großartige Kirchenbauten entstanden danach in der aufstrebenden Stadt, um der wachsenden Schar der Gläubigen das Wort Gottes näherzubringen. Katholiken waren von 1848 – 1851 Gast in der Luisenkirche. Beginn einer ökumenischen Tradition der Stadt.

Das Hauptgebäude des wuchtigen Rathauses der Stadt Charlottenburg war als drei-, beziehungsweise viergeschossiger Bau angelegt. Der Festsaal nimmt der Tradition entsprechend zwei Etagen ein, und zwar die zweite und dritte. Die Symmetrie der Fassade wurde durch den vorspringenden Mittelteil aufgelockert. Der monumentale Giebel, in zwei Turmerker eingebunden, überragt die Fassadenflucht. Die Verwendung von Erkern, Zwerggiebeln, Loggien oder Arkaden dient der Akzentuierung. Der Aufbau des Turms erfolgte ebenfalls nach Gliederungsmerkmalen. Während der Schaft geschlossen und ohne Strukturierung war, zeigt er im mittleren Abschnitt eine Auflockerung durch Erker, Loggien und Blendgiebel. Die Architekten Reinhardt und Süßenguth erzielten die gewünschte monumentale Wirkung des Rathauses durch die Konzentration auf die Mitte, die Höhe des Turmes und das steil aufsteigende Dach.

Das Ende der Berliner Straße (heute: Otto-Suhr-Allee) vom Wilhelmplatz (heute: Richard-Wagner-Platz) aus gesehen. Im Bildzentrum die Kuppel des Charlottenburger Schlosses. Rechts erkennt man ein elegantes Paar, das auf dem Bürgersteig spazieren geht. Eine Bank lädt zum Ausruhen und Verweilen ein. Die Straßenbahn ist bereits elektrifiziert. Der normale Straßenverkehr läuft noch mit Pferdegespann. Das Bild strahlt die Ruhe einer Zeitepoche, in der die Welt noch in Ordnung war, aus. Man achtete auf Ordnung. Die Straßen waren sauber gefegt und die kleinen Grünflachen um die Bäume eingefaßt. An dem Eckhaus links mit dem kastenförmigen Aufsatz beginnt die Wilmersdorfer Straße, die sich zur wichtigsten Einkaufstraße Charlottenburgs entwickelte.

Ein Blick in die noch ruhige Wilmersdorfer - von der Berliner Straße (heute: Otto-Suhr-Allee) in Richtung Bismarckstraße. Obwohl die Straßenbahnoberleitungen bereits gezogen sind, kann man auf den Gleisen noch zwei Pferdestraßenbahnen erkennen, die gemütlich ihren Dienst machen. Diese Straße, die sich später zu einer der Haupteinkaufsstraßen Charlottenburgs zwischen Spielhagenstraße und dem Stuttgarter Platz entwickeln sollte, zeigte auch hier schon Ansätze. Im linken Eckhaus ist in der ersten Etage ein großes Möbelgeschäft mit breiten Fenstern für den Verkaufsbereich. Auch hier ist ein Eckhaus mit besonderer Architektur zu sehen. Statt der üblichen Kuppeltürme schmückt das Dach ein Turmaufsatz in Kastenform. Die Fassade ist mit verschiedenen dekorativen Elementen gestaltet. In der Wilmersdorfer Straße entstanden nicht nur große Geschäfte, wie die Schlachter Paetzold und Langer, die Fischräucherei Paul Rogacki, die Schuhläden Leiser, Stiller und Ruhe, sondern auch große Kaufhäuser wie Wertheim, Hertie, C & A und später auch Quelle und Neckermann.

Charlottenburg suchte einen neuen Erholungsort, da die Sommergäste und Ausflügler lieber mit der bequemen Eisenbahn aufs Land fuhren. Unternehmer versuchten den Fremdenverkehr wieder in Gang zu bringen. Dazu wollten sie eine so prächtige Vergnügungsstätte schaffen, die sonst nirgends zu finden war. Sie erwarben 1869 das 5,8 ha große Grundstück (heute: Eosanderstraße), das einst der Gräfin Lichtenau gehörte. Zuerst wollten sie das vorhandene Palais zu einem Festsaal ausbauen, entschlossen sich aber den alten Bau abzureißen. Man entschied sich für ein neues von Johannes Otzen entworfenes Festsaalgebäude im romanischen und orientalischen Stil der italienischen Renaissance. Der als Promenaden- und Konzertgarten vorgesehene Park mit seinem alten Baumbestand wurde durch Blumenbeete und eine große Fontäne vom Hofgartendirektor Jühlke geometrisch gegliedert. Im April 1872 übernahm Baumeister Stier die Gesamtleitung. Während des Baues stürzte im März 1873 der Dachstuhl ein. Dadurch verschob sich die Einweihung um ein volles Jahr auf den 22. Mai 1874.

Der Kaisersaal der "Flora" mit einer Grundfläche von 45 x 23 Metern und einer Höhe von 23 Metern war damals der größte Festsaal des Deutschen Kaiserreiches. Die hölzerne Dachkonstruktion verfügte über ein großes Oberlicht. An der Saallängsseite befand sich eine von sechs Glastüren durchbrochene gläserne Wand, an die sich ein riesiges Gewächshaus mit verglaster Eisenkonstruktion mit einer Grundfläche von 28 x 70 Metern anschloß. Die Außenfassade des Saalbaues aus hellgelben Greppiner Ziegeln war reich verziert. Dieses Vergnügungsetablissement orientierte sich am Frankfurter Palmengarten. In der Flora standen Palmen und andere Gewächse, die sonst nur in heißen Ländern gedeihen. Es kamen zahlreiche Besucher in die Flora. Leider waren es nicht genügend, so daß kein Gewinn erzielt werden konnte. Mehrmals wechselten die unzufriedenen Besitzer. Dreißig Jahre lang hat die Flora bestanden. Schließlich wurde sie geschlossen und das unrentable Festsaalgebäude im Februar 1904 abgerissen. Das Grundstück wurde in 54 Baustellen aufgeteilt. So entstanden Eosander- und Lohmeyerstraße.

Als Folge der französischen Februarrevolution 1848 kommt es nach Wien am 18. März auch in Berlin zu gewaltsamen Unruhen mit 260 Todesopfern. 10.000 Berliner forderten Presse- und Redefreiheit, Gleichberechtigung, Einberufung eines Landtages und das Aufgehen von Preußen in einem zu schaffenden Deutschen Reich. In fast allen deutschsprachigen Staaten von Wien bis Berlin weht die schwarz-rot-goldene Fahne. Der König war gezwungen, zur Beruhigung der Berliner mit einer schwarz-rot-goldenen Schärpe durch Berlin zu reiten. Nur Charlottenburg machte bei dieser demokratischen Revolution nicht mit. Die flüchtenden Revolutionäre wurden auf dem Weg durch Charlottenburg nach Spandau geschmäht. Warum machte Charlottenburg nicht mit? Charlottenburg war damals noch ländlich und sehr vom König abhängig. Es gab weder Proletariat noch Universität. Charlottenburg blieb königstreu und der König dankte es mit vermehrter Hofhaltung. Charlottenburg liebte große und schöne Feste, siehe die Hohenzollern-Festsäle in der Berliner Straße (heute: Otto-Suhr-Allee). Die Revolution brachte nur wenig der erhofften Ziele und diese auch nur für kurze Zeit. Eines aber blieb: Es durfte auf der Straße geraucht werden!

Anfangs ging die Wilmersdorfer Straße (früher: Kleine Spreestraße) bis an die Spree. 1794 wurde das nördliche Ende zur Spree geschlossen. Der Name wurde geändert in Wilmersdorfischer Weg. Er führte nach Deutsch-Wilmersdorf. An dem nördlichen Endstück der Wilmersdorfer Straße errichtete die Stadt Charlottenburg im letzten Jahrzehnt des 19. Jahrhunderts einen beachtlichen Bau, der als Kunst-, Gewerbe- und Handwerkschule diente.
In den Charlottenburger Gemeindeschulen stammte einer Erhebung von 1899 zufolge der größte Teil der Schulkinder (50,7%) aus Familien handwerklicher Berufe. Unter Einbeziehung der Kinder von Kassenboten und Dienern erhöhte sich diese Gruppe auf 54,3%. Es folgten die Kinder der Handwerksmeister mit 10,6%, der Kaufleute 7%, Restaurateure 8,3%, Rentiers und Pensionsbezieher 0,7%. Sonstige Berufsarten machten 8,2% der Väter aus. Es gab nur je ein Kind eines Rechtsanwaltes und eines höheren Beamten. Die höheren Schichten schickten ihre Kinder vorzugsweise auf die teuren Privatschulen.

Zu den verkehrsreichsten Plätzen Charlottenburgs zählt heute der Luisenplatz.
Vor dem östlichen Seitentrakt des Charlottenburger Schlosses, 1740-47 von Georg Wenzeslaus von Knobelsdorff erbaut (durch die hohen Bäume verdeckt), entstand 1841 der Platz nach Plänen Peter Joseph Lennés. Sechzig Jahre später, 1902-05, gestaltete Otto Schmalz den Platz in einen Park um, wobei er das in der Parkmitte aufgestellte von Joseph Uphues geschaffene Denkmal Kaiser Friedrich III. mit einbezog, das zur 200 Jahrfeier Charlottenburgs errichtet wurde. 1955 wurde dieses Denkmal aus heute nicht mehr verständlichen Gründen entfernt. Kaiser Friedrich III. regierte als Deutscher Kaiser und König von Preußen nur 99 Tage lang. Er war bereits bei Regierungsantritt nach dem Tode seines Vaters, Kaiser Wilhelm I., unheilbar an Kehlkropfkrebs erkrankt. Er starb an dieser Krankheit. Vermählt war er mit Viktoria, Tochter der Königin Victoria von Großbritannien und Irland und Kaiserin von Indien und ihres Gemahls Albert von Sachsen-Coburg-Gotha. Kaiser Friedrich III. residierte und regierte ausschließlich im Schloß Charlottenburg.

Am Luisenplatz, benannt nach Königin Luise, der Gemahlin Friedrich Wilhelms III. und Mutter Friedrich Wilhelms IV. und Kaiser Wilhelms I., macht die Bevölkerung einen sehr gepflegten Eindruck und spiegelt den Wohlstand von Charlottenburg in der Kaiserzeit wider. Dieser Platz vor dem Ostflügel des Charlottenburger Schlosses ist heute ein viel befahrener Kreuzungspunkt zweier wichtiger Straßenzüge. Geradeaus schaut man die Berliner Straße (heute: Otto-Suhr-Allee) in Richtung Knie (heute: Ernst-Reuter-Platz). Das Rathaus Charlottenburg mit dem mächtigen Turm beherrscht diese Straße. Rechts beginnt zwischen den beiden mit Türmen bewehrten Eckhäusern die Kaiser-Friedrich-Straße, die damals am Bahnhof Charlottenburg beim Stuttgarter Platz endete. Links im Bild schaut ein überdachtes Freiluft-Café hervor, ein beliebter Treffpunkt der Charlottenburger. Hinter dem Café begann eine wichtige Verbindungsstraße zur Schloßbrücke, die den Weg öffnete Richtung Tegel und Reinickendorf.
Hier am Luisenplatz stand der Meilenstein, eine Säule mit einer goldenen Kugel mit Spitze, der die Entfernung bis zum Berliner Stadtschloß anzeigte. Von hier aus war es noch genau eine preußische Meile. Vorbild für die Meilensäule waren die römischen Meilensteine auf der Via Appia in Rom. Bei der Aufstellung des Reiterstandbildes für Kaiser Friedrich III., 1905, wurde die Säule an den heutigen Standort vor dem Marstall der Kaserne des Regiments Garde du Corp gesetzt.

Im Verlauf der Industrialisierung kam es zur Ansiedlung von zahlreichen mittleren und einigen großen Betrieben der Textil-, Chemie- und Elektroindustrie, der Metallverarbeitung und des Maschinenbaus. Dadurch entwickelten sich die Wallstraße (heute: Zillestraße) und die anliegenden Straßen sowie das Gebiet westlich der Schloßstraße, vor allem zwischen Spandauer Straße (heute: Spandauer Damm) und Kaiserdamm zu einem vorwiegend von Arbeitern bewohnten Viertel, durchsetzt von kleinen Gewerbebetrieben. In wenigen Straßenzügen (z.B. Schloßstraße) und dem im Foto zu sehenden Friedrich-Karl-Platz (heute: Klausenerplatz) wohnten Geschäftsleute und Beamte in herrschaftlichen Häusern. Die zwischen 1871 und 1910 weit über dem Durchschnitt anderer Großstädte liegende Bevölkerungsexplosion in Charlottenburg (von 20.000 auf 306.000) führte in der "Inneren Stadt" und vor allem im Schloßviertel zu einer hohen Wohndichte. Ein großer Teil der Bevölkerung lebte auf engstem Raum, viele in Einzimmerwohnungen. Um die Miete aufbringen zu können, vermieteten Familien Betten an sogenannte Schlafburschen, die keine eigene Wohnung hatten. Daher war dieser schöne Platz auf dem Foto eine wahre Oase für die Mieter dieses Stadtteils.

Aufgrund ihres Wohlstands war die Charlottenburger Stadtgemeinde in der Lage, Einrichtungen für Daseinsvorsorge mit dem besten Standard der Zeit zu errichten.
Der noch in die Frühindustrialisierung fallende Bau des ersten Charlottenburger Gaswerkes am Landwehrkanal (heute: Einsteinufer) im Jahre 1861 war weniger kommunalpolitischer Voraussicht als dem Druck des Berliner Polizeipräsidenten zuzuschreiben, der auf die Einführung einer Straßenbeleuchtung drängte. Ein zweites Gaswerk wurde 1890/91 weiter nördlich am Charlottenburger Verbindungskanal errichtet. So kam Charlottenburg sehr frühzeitig zu einer Straßenbeleuchtung. Die Gaslaternen sind Teil der Geschichte Charlottenburgs. Sie werden teilweise noch heute gepflegt und genutzt. Man kannte den Beruf des Gaslaternenanzünders, der bei Einbruch der Dunkelheit anfangs zu Fuß, später mit dem Fahrrad die Kontrolle der Gaslichter vornahm. Auf dem Foto die Beleuchtung des Friedrich-Karl-Platzes (heute: Klausenerplatz) mit den beliebten Gaslaternen. Der Platz war ehemals Reitplatz für die Gardes du Corps, die ihn bis 1889 benutzten. Er erhielt seinen Namen zu Ehren von Friedrich Karl, Prinz von Preußen, auch "eiserner Prinz" genannt, Sieger der Schlachten bei Düppel, Königsgrätz und Vionville.

Um 1850 waren die Straßen Charlottenburgs bis auf die Berliner Straße (heute: Otto-Suhr-Allee) noch ohne Pflasterung. Sie weichten bei Regen auf. Kam ein stärkerer Regen, lief das Wasser in Sturzbächen vom Spandauer Berg herunter und überschwemmte die tiefer liegenden Plätze und Straßen. Um diesem Übel abzuhelfen, legten die Bürger an beiden Straßenseiten tiefe Rinnsteine an. Damals konnte man das Schmutzwasser nicht wie heute in Ausgüsse schütten, weil es noch keine Kanalisation gab. Die Hausfrauen gossen das Abwasser einfach in den Rinnstein. Diese Abwässer liefen den Berg hinunter bis an den Luisenplatz, wo sich der "Schwarze Graben" zu beiden Seiten der Straße befand und Sümpfe bildete. Es stank zum Himmel, zumal der "Schwarze Graben" nicht regelmäßig gereinigt wurde.

Es wurde ein Wasserwerk gebaut. Gleichzeitig wurden Frisch- und Abwasserleitungen verlegt, wodurch Charlottenburg mit Wasser versorgt wurde. Es verschwanden endlich die Tonnenklosetts. Die Luft Charlottenburgs wurde gut. Auf dem Foto ist die Straße bereits gepflastert mit Gully am Rinnstein.

Die Spandauer Straße (heute: Damm) war der Weg zu den großen Kasernen des Königin Elisabeth Garde-Grenadier Regiments Nr. 3 in Charlottenburg. Die militärische Tradition dieser Gegend liegt noch vor der preußischen. Hier lag einst zwei Jahre lang die napoleonische Armee im Feldlager. Das Lager reichte vom Lietzensee bis zum heutigen Gelände des Krankenhauses Westend. 7.000 Franzosen waren hier einquartiert. Nur durch schmale Zwischenräume voneinander getrennt stand Baracke an Baracke, erbaut aus Stämmen junger Kiefern. Die Wände waren mit Lehm beworfen und mit Kalk gestrichen. Bretterdächer deckten die Baracken ab. Die Vorderwände hatten neben jeder Tür links und rechts ein Fenster. Das Innere war ein einziger Raum, in dem jeweils 20 Soldaten auf Pritschen schliefen. 380 solcher Baracken zählte die Straße. Hinter der Hauptstraße standen noch 64 größere Baracken, die den Soldaten als Küchen- und Speiseräume dienten. Die Offiziere waren bei Charlottenburgern privat untergebracht. Diese Ortschaft hieß "Napoleonsburg". Sie wurde im November 1808 abgerissen.
Die Charlottenburger mußten 70.000 Taler halbjährlich für die Unterbringung der Franzosen zahlen.

Das Foto zeigt den ältesten Straßenbahn-Betriebsbahnhof in Deutschland in der Spandauer Straße 12-15 (später: Spandauer Damm 68-76), Ecke Sophie Charlotten-Straße. 1864-1865 waren für die "Berliner Pferde-Eisenbahn Gesellschaft E. Beschkow" auf dem Eckgrundstück ein Wagenschuppen, ein Stall für 128 Pferde, ein Wohnhaus, ein Fahrkartenhaus und eine Wartehalle gebaut worden. Die Pferdestraßenbahn war 1865 der große Fortschritt. Diese Bahn fuhr im zehnminütigen Abstand mit 45 Personen vom Brandenburger Tor zur Spandauer Straße. Der 1875 errichtete Wagenschuppen erhielt 1900 bei der Umstellung auf elektrischen Betrieb anstelle der rundbogig geschlossenen Tore eine große und eine kleine Einfahrt. Der Betriebshof wurde von der Gesellschaft Hauptbahnhof genannt. 1896 wurde der Betrieb mit Akkumulatoren auf der Linie Charlottenburg-Kupfergraben eingeführt. Das Foto zeigt mehrere vierachsige Akkumulatoren-Triebwagen und einige kleinere Wagen der Pferdebahn. 1882 wurde der in unmittelbarer Nähe liegende Ringbahnhof Westend auch Stadtbahnhof, wodurch man direkt ohne Umsteigen zum Zoo und in die Stadt Berlin reisen konnte. Dies begünstigte einen weiteren Aufschwung dieser Gegend.

Direkt neben dem Hauptbahnhof der Pferdestraßenbahn in der Sophie-Charlotte-Straße befand sich die Gipsformerei der königlichen Museen. Sie ist die weltgrößte Institution dieser Art. 1819 wurde sie durch König Friedrich Wilhelm III. gegründet und gehört seit 1830 zum Verband der Königlich Preußischen Museen – den heutigen Staatlichen Museen zu Berlin. Sie entstand ursprünglich aus dem Bedürfnis, in den eigenen Museen nicht vorhandene Kunstwerke durch Abformungen zu dokumentieren. Mit Abgüssen aus eigenen und externen Sammlungen sollte eine möglichst vollständige Übersicht über die Kunstentwicklung erreicht werden. Die teilweise über 150 Jahre alten Gipsformen und Modelle sind häufig besser erhalten als die durch Umwelt- oder Kriegseinflüsse beschädigten Originale. Der Bestand der Gipsformerei wuchs seit ihrem Bestehen auf mehr als 6.500 Formen an. Sie geben Kunstwerke aus allen großen Kulturen und Zeiten der Welt wieder. Einzigartig ist, daß Abgüsse des gesamten Formbestandes bis heute von jedermann gekauft werden können. Hier kann jeder Interessent sich einen Abguß auswählen, von kleinen Gemmen und Siegeln, Plaketten und Medaillen bis zu überlebensgroßen Skulpturen.

Charlottenburg als wohlhabenste Stadt Preußens hatte auch sehr unschöne und ärmliche Gegenden mit einfachen Mietskasernen. Je teurer der Grund und Boden in jenen Jahren des Baubooms wurde, desto weniger Menschen konnten es sich leisten, große Wohnungen zu bezahlen. Es entstanden zwischen den Straßenzügen Spandauer Straße (heute: Damm), Nehring-, Knobelsdorff- und Sophie-Charlotte-Straße (das Viertel begann hinter dem Eckhaus des Fotos), sowie entlang der Wallstraße (heute: Zillestraße) Elendsgebiete, die "Vater Zille" im Bild darstellte, mit hoher Kriminalitätsrate. Der Polizeibericht von 1904 meldet: nächtliche Ruhestörungen, Schlägereien, Messerstecherei, Belästigungen harmloser Passanten und Schaukastendiebstähle. Die Polizei ist viel zu schwach besetzt. Für die nervösen, blutarmen, skrofulösen (Haut- und Lymphknotenerkrankung), herz- und lungenkranken Schüler aus den Elendsvierteln war der Unterricht zu anstrengend. Für diese Schüler hat die Stadt Charlottenburg eine Waldschule gebaut, für einen Unterricht zur Gesundung im Grünen. Noch heute ist die Waldschule sehr beliebt.

Der Kochsee, der im nordöstlichen Teil des heutigen Güterbahnhofs Westend lag, war eines der beliebten Ausflugsziele wassersportbegeisterter Charlottenburger im 19. Jahrhundert. Hier übten schon Mitglieder von drei Schwimmvereinen: Der "Charlottenburger Schwimmverein von 1887", der Frauenschwimmverein "Nixe" von 1893 und der Verein "Arminia" von 1897. Diese im Jahre 1886 in der Stadt Charlottenburg angelegte Badeanstalt hatte sogar eine Hundert-Meter-Schwimmbahn. Hier wurden um die Jahrhundertwende mehrfach nationale Schwimmfeste und -meisterschaften ausgetragen. Es ist ein historischer Ort, zumal sich dort erstmals im Deutschen Reich Frauen den Schwimmwettkämpfen stellten. Das Schwimmen war lange Zeit eine reine Männerangelegenheit. Um die Jahrhundertwende bewarb sich der Frauenschwimmverein "Nixe" noch immer vergeblich um die Aufnahme in den Deutschen Schwimmverband. Die Damen in ihren Matrosenuniformen hatten mit ihrem Eintritt in die Sportwelt der Männer unter den Schwimmern Verwirrung gestiftet. Der sporthistorisch interessante Kochsee wurde im Jahre 1912 zugeschüttet.

Der Aufstieg Charlottenburgs von einer unbedeutenden Stadt in der Nähe Berlins zu einer eigenständigen Großstadt vollzog sich in den achtziger Jahren des 19. Jahrhunderts. Von besonderer Bedeutung war der Anschluß der Stadt an die Ringbahn, die ein wahres Massenverkehrsmittel wurde. Der ehemalige Hauptbahnhof Charlottenburg erhielt den Namen Westend. Hier war auch der damalige Hauptbahnhof der Straßenbahn, ein idealer Umsteigebahnhof. Seine Bedeutung verlor dieser große Bahnhof erst, als der heutige Bahnhof Charlottenburg am Ende der Kaiser-Friedrich-Straße am Stuttgarter Platz als Stadt-, Vorort- und Fernbahnhof ausgebaut wurde, ebenso der Bahnhof Zoologischer Garten. Die Stadt entwickelte sich daraufhin in Richtung der Bahnhöfe Charlottenburg und Zoologischer Garten. Auf dem Bild sieht man die beiden Bahnsteige des Bahnhofs Westend für den Ring- und Vorortverkehr.

Auch hier am Spandauer Berg (heute: Spandauer Damm) wurden nach und nach alle Straßen bebaut. An dieser Ecke geht es in die Soorstraße Richtung Kaiserdamm. In der Soorstraße befanden sich die Gebäude der Festungsbauschule. Hinter dem Eckgebäude beginnt die Königin-Elisabeth-Straße. Die Straße ist bereits durchgehend bebaut. Obwohl es sich um einfache Mietshäuser handelte, verzichtete man nicht auf Zierrat an der Fassade und auf dem Dachsims. Man baute Erker und Balkone für alle vier Etagen. Auf der linken Seite hat das Gebäude zum Spandauer Berg seinen Treppenaufgang mit Flurfenstern zur Straßenfront. Diese sind zeitgemäß mit wertvoller Bleiverglasung dekoriert. Auf dem Dach erkennt man einen hohen Fahnenmast. Man zeigte damals seine Liebe zum Vaterland an den Nationalfeiertagen durch das Hissen der Fahne des Deutschen Kaiserreiches, auch in Gegenden wie hier, die fern vom Stadtzentrum lagen.

1802 wurde das erste Krankenhaus Charlottenburgs in der Guerickestraße eröffnet. Es konnte dreißig Patienten in vier Räumen aufnehmen. 1867 erfolgte der Bau eines weiteren Krankenhauses in der Kirchstraße (heute: Gierkezeile). Der explosionsartigen Entwicklung der Stadt konnten diese ersten Krankenhäuser nicht genügen. 1895 beschloß man den Bau eines weiteren großen Krankenhauses am Spandauer Berg. Dieses zeigte eine völlig neue Struktur. Es wurde von den Architekten Heino Schmieden und Boethke auf dem Gelände des ehemaligen Pferdemarktes errichtet. Die Ausstattung erfolgte nach den neuesten Erkenntnissen der Hygiene und der Bakteriologie. Anstatt übergroße Gebäude zu errichten, ging man über auf den Bau zahlreicher Pavillons im Grünen. So konnte man die Patienten nach Krankheiten trennen und bestmöglich gefährliche Mischinfektionen vermeiden. Das Krankenhaus Westend verfügte anfangs über 300 Betten und später über 600 in acht Pavillons. Operations- und Badehaus wurden 1904 nach Plänen von Bessel-Hagens errichtet. Es folgten ein Schwesternhaus und eine Röntgenabteilung. Als weitere Krankenhäuser der Stadt folgten die Säuglingsklinik Kaiserin Auguste Viktoria-Haus, das Bürgerhaus und die Pulsklinik.

Wenn die stolzen königlichen Regimenter in ihren schmucken Uniformen durch die Straßen der Garnisonstadt Charlottenburg zogen, schauten Alt und Jung diesem farbenfrohen Bild gerne zu. Jedes Regiment war damals mit den Bewohnern seiner Garnison ein Herz und eine Seele. In Charlottenburg stand zur Zeit der Alten Armee das Preußische Königin Elisabeth Garde-Grenadier-Regiment Nr. 3. Es war durch ein großes rotes "E" mit Krone auf den gelben Schulterklappen zu erkennen. Ein Kriegerdenkmal im Lietzenseepark zeugt noch heute von den Leistungen und Einsätzen dieses Charlottenburger Regiments, das sich stolz "Elisabether" nannte. Die große Kaserne dieses Regiments wurde 1893 an der Königin-Elisabeth-Straße eröffnet. Sie hatte den Zuzug zahlreicher hoher Militärs nach Westend zur Folge.

Diese gut erhaltene Aufnahme zeigt links den Kurfürstendamm (heute: Budapester Straße) an der Ecke Kurfürstenstraße (rechts im Bild). Auf dem Kurfürstendamm sieht man noch die Pferdestraßenbahn. Das zweistöckige gepflegte Eckhaus mit wertvoller Stuckfassade und dem Restaurant Burggrafen-Hof, zu dem ein großflächiger Vorgartenbereich gehörte, stand nur wenige Jahre. Dem aufstrebenden Charlottenburg mußten die kleineren Gebäude für größere Bauten Platz machen, wie in diesem Fall für das zukünftige Hotel Eden. Der Blick in die Kurfürstenstraße zeigt schöne gepflegte vierstöckige Gebäude mit verzierten vorstehenden Dachsimsen. Die Höhe der Bäume zeugt von einer langfristigen Planung und der Charlottenburger Tradition, daß in jede Straße Bäume gehören.

Das pompöse Hotel Eden mit 160 Betten wurde 1912/13 am Kurfürstendamm 246/247 (heute: Budapester Straße) im Dreieck Budapester-/Nürnberger-/Kurfürstenstraße errichtet. Man hatte einen herrlichen Blick auf den Zoologischen Garten. Das Hotel sieht wie ein öffentliches Gebäude aus. Die strenge Fassade ist durch zahlreiche Reliefarbeiten etwas aufgelockert. In Stein gehauene spielende Putten verschönern den Sims des obersten Stockwerkes. Zwei Dachgärten mit Bäumen und Girlanden zur Kurfürstendammseite hin zeugen von eleganten Festen, die hier bis zum Ende der Monarchie gefeiert wurden. Ein von hohen Säulen getragener Eingang führte ins elegante Foyer.
Das Hotel diente der Gardekavallerie-Schützendivision Ende des 1. Weltkrieges als Quartier.

Blick vom ehemaligen Kurfürstendamm (heute: Budapester Straße) auf die Rückseite der Kaiser-Wilhelm-Gedächtniskirche. „Möge dieser Bau ein Glied in der Reihe der Kirchen sein, welche sich hoffentlich bald um unser Berlin als eine feste, glaubenserweckende Kette schlingen werden". Vier Jahre gebrauchte Meister Schwechten mit seinen zahlreichen Werkleuten zur Fertigstellung des hehren Gotteshauses: am 1. September 1895, dem Tag der 25. Jahrfeier der Schlacht bei Sedan, wurde dasselbe in einem feierlichen Gottesdienst seiner Bestimmung übergeben, bei welcher Generalsuperintendent Faber die Weiherede hielt.

„Diese Kirche ist das schönste Denkmal, welches meinem Vater errichtet werden konnte". Diese Worte, von der Großherzogin von Baden am Tage der Einweihung gesprochen, gaben wider, was Tausende und Abertausende beim Anblick und Betreten der herrlichen Kaiser-Wilhelm-Gedächtnis-Kirche empfunden haben... „Aus kleinen, man möge sagen, bescheidenen Anfängen .... war ein monumentales Gotteshaus entstanden, würdig des großen Kaisers, zu dessen Gedächtnis dasselbe errichtet ist". Text aus der Berliner Illustrierten Zeitung.

Auf der linken Seite des Bildes steht heute das Europa-Center.

1844 entstand der Zoologische Garten dank der Initiative des Zoologen Martin Hinrich Lichtenstein. Dafür hatte er 87 Morgen der Fasanerie des preußischen Königs Friedrich Wilhelm IV. erhalten. Mit Direktor Bodinus, der 1869 den Zoo übernahm, kamen neue Ideen. Er ließ den Tierbestand erheblich erweitern und errichtete Gehege und Zwinger in einer Form, die an die Herkunftsländer der Tiere erinnerten. 1873 gab man schon 330.000 Goldmark aus, um die von den Architekten Ende und Böckmann entworfene Elefantenpagode zu bauen. 1869 folgte das Kamelhaus und 1874 das von den Architekten von Kayser und Großheim entworfene Straußenhaus im Stile eines ägyptischen Tempels. Charlottenburg war die erste Adresse aller Zoologischen Gärten der Welt und richtungsweisend. Nach 1880 wurde das Zoogelände im Tiergarten an Berlin abgetreten, aber bis heute glauben die Charlottenburger, daß der Zoo ihnen gehört. Der prächtige Eingang mit den Elefantenskulpturen am Kurfürstendamm (heute: Budapester Straße) zeugt noch heute vom Reichtum vergangener Zeiten.
Der Kürfürstendamm wurde hier am 22.4.1925 in Budapester Straße umbenannt, als Dank für die Namensgebung "Berlin" für eine Straße in Budapest.

Ein hoch interessanter Blick vom Turm der Kaiser-Wilhelm-Gedächtniskirche auf den Teil des Kurfürstendamms, der heute Budapester Straße heißt. Links im Bild der artenreichste Zoologische Garten der Welt mit dem großen exotisch wirkenden Eingangsgebäude. Dahinter wurde 1911-13 das Aquarium errichtet, welches das Berliner Aquarium Unter den Linden, Ecke Schadowstraße, ersetzte. Die architektonische Gestaltung des dreistöckigen Schmuckbaues von 53 m Länge und 35 m Breite lag in den Händen der Architekten Zaar & Vahl. Später entwickelte sich das Aquarium zum artenreichsten Institut dieser Art auf der Welt.

Auf der rechten Straßenseite sieht man das dicht bebaute Viertel, wo in der Bildmitte die Kurfürstenstraße beginnt. Auf dem Foto der Jahrhundertwende sieht man im Vordergrund eine Straßenbahn. Vorne rechts im Bild befindet sich heute das Europa-Center. Am Horizont erkennt man schattenhaft die Kuppel des Berliner Doms.

Wo heute das Europa-Center zwischen der Budapester- (bis 1925: Kurfürstendamm) und der Tauentzienstraße an der Rückseite der Kaiser-Wilhelm-Gedächtniskirche steht, wurde 1901 das "Neue Romanische Haus" errichtet als Pendant zu dem auf der Westseite gegenüber dem Vorderportal der Kirche in den Jahren 1894-1896 errichteten Romanischen Haus. In diesem befand sich im Erdgeschoß das weltberühmte "Romanische Café". Wie es zu seinem Namen gelangte, bedarf in Anbetracht dieses Bildes keiner Erläuterung. Der Baustil korrespondiert architektonisch mit der Kaiser-Wilhelm-Gedächtniskirche auf dem Auguste-Victoria-Platz. Der Platz wurde benannt zu Ehren von Kaiserin Auguste Viktoria, Gemahlin Kaiser Wilhelms II.. Sie bemühte sich als erste um die Gründung eines Hauses zur Bekämpfung der hohen Säuglingssterblichkeit, das Kaiserin-Auguste-Viktoria-Haus (KAVH), das Weltruhm gewann.
Das Romanische Café wurde am Ende der Monarchie zur Heimat der Künstler und Intellektuellen.

1887 gab es erst wenige Häuser am Kurfürstendamm. Mietskasernen entstanden am unteren Kurfürstendamm (heute: Budapester Straße). Ende der 80er Jahre des 19. Jahrhunderts überschritt die Bebauung die Charlottenburger Gemarkung in geschlossener Bauweise den im Jahre 1889 angelegten Gutenbergplatz (ab 1891 Auguste-Viktoria-Platz, seit 1947 Breitscheidplatz), auf dem 1895 die Kaiser-Wilhelm-Gedächtniskirche eingeweiht wurde. Westlich gab es einige Villen, die in die vorgegebene Baufluchtlinie hineinragten. Sie wurden abgerissen.
Das im Foto wiedergegebene Romanische Haus wurde zwischen 1894-1896 zwischen der Kantstraße und dem Kurfürstendamm errichtet und bildete eine architektonische Einheit mit der Kaiser-Wilhelm-Gedächtniskirche und ein Pendant zum späteren Neuen Romanischen Haus an der Ostseite des Platzes. Diese Gebäude und die an der Nord- und Südseite des Platzes schlossen den Platz gut ein.

Die Luftaufnahme Kurfürstendamm/Ecke Joachimstaler Straße zeigt sehr gut die Aufteilung der Gebäude in diesem dichtbesiedeltem Viertel: prunkvolle Vorderhäuser für die wohlhabenden Bewohner, dahinter Seitenflügel und Hinterhäuser für die Mittelklasse. Einige Hinterhausbewohner hatten Blick auf Grünflächen und Bäume. Oben links im Bild sieht man die große 1912 eingeweihte Synagoge in der Fasanenstraße mit ihren drei gewaltigen Kuppeln. Einige Tage nach der offiziellen Einweihung kam Kaiser Wilhelm II. zur Besichtigung.

Während die ostjüdischen Zuwanderer sich vorwiegend in "Alt-Berlin" niederließen, zogen die wohlhabenden Juden gerne nach Charlottenburg. Darunter auch die Spitzenvertreter aus Kultur, Kunst, Journalismus, Wissenschaft, Medizin, Jura und Forschung, wodurch Charlottenburg international eine besondere Rangstellung einnahm und sich rühmen konnte, ein Zentrum der Akademiker und Intellektuellen mit dem höchsten Frauenanteil zu sein. Die jüdische Gemeinde hatte in der Kaiserzeit noch Synagogen in der Schul- (1890), Pestalozzi- (1911) und Schlüterstraße (1917). Der jüdische Bevölkerungsanteil in Charlottenburg wuchs von 0,39% (1871) auf 15,87% im Jahre 1910.

Die Kaiser-Wilhelm-Gedächtniskirche erhielt ihren Standort an einem städtebaulich herausragenden Ort. Von hier führten nach neuen städtebaulichen Vorstellungen, die sich nicht mehr an dem Modell einer Ringstraße orientierten, zwei wichtige Radialstraßen in das Charlottenburger Umland: die in Richtung Süden über die Kolonie von Deutsch-Wilmersdorf zur Kolonie Friedenau verlaufende Kaiser-Allee (heute: Bundesallee) und der in Richtung Westen zum Grunewald führende Kurfürstendamm, an dessen Ende 1890 die Kolonie Grunewald entstehen sollte. Der Ausbau des Kurfürstendammes zu einer "Straße in großartigem Stile" – so Kaiser Wilhelm I. an Reichskanzler von Bismarck, fiel in die Jahre des allgemeinen Aufschwunges von Charlottenburg. 1883/84 wurde der Damm technisch ausgebaut, von 1885 an veräußerte man die anliegenden Grundstücke. Die Bebauung des Kurfürstendammes entwickelte sich von der Kaiser-Wilhelm-Gedächtniskirche aus. Innerhalb kurzer Zeit erfüllte Großstadtleben diese prachtvolle Straße, der Stolz Charlottenburgs.

Auf den ersten Blick erkennt man nicht gleich, daß es sich bei diesem Bild um das berühmte "Kranzler-Eck" am Kurfürstendamm/Joachimstaler Straße handelt. Man blickt die Joachimstaler Straße entlang bis zum Bahnhof Zoologischer Garten. Das linke Eckhaus steht dort, wo sich heute das Kranzler-Café befindet, und vorne das Eckhaus rechts im Bild hat heute dem C & A Kaufhaus Platz gemacht. Übers Dach ragt die Turmspitze der Kaiser-Wilhelm-Gedächtniskirche heraus. Das Bild zeigt sehr schön den breiten Reitweg auf dem Mittelstreifen des Kurfürstendamms und auch den breiten mit Rasen bedeckten Mittelstreifen der Joachimstaler Straße, der von den Straßenbahngleisen flankiert ist.

Noch spürt man nichts vom pulsierenden City-Leben. Der Verkehr wird noch gemütlich mit Pferdekutschen abgewickelt. Am Straßenrand findet man eine der typischen Wasserpumpen Charlottenburgs, an denen Pferde ihren Durst stillen konnten. Beachtlich auf diesem Bilde sind die breiten Fußgängerwege des Kurfürstendammes und vorne rechts der Joachimstaler Straße.

Hier schaut man vom Kurfürstendamm in die Augsburger Straße, die sich mit der Joachimstaler Straße kreuzt. Rechts im Bild ein hochherrschaftliches Wohnhaus mit großen Balkonen und dekorativem Eingang. Diese Gebäude am Kurfürstendamm hatten oft Eingangshallen und Treppenhäuser aus erlesenem Material, man sparte nicht an Marmor, geschliffenen Spiegeln, Bleiverglasungen, Stuckarbeiten, Vergoldungen und wertvollen Schmiedearbeiten. Auch an wertvollen Kristallüstern fehlte es oft nicht. Es waren Adressen für die wohlhabendere Gesellschaft. Man lebte feudal, fast wie in einem Schloß. Vor den Gebäuden gab es stets breite Vorgärten und der Zugang zum Portal war mit Mosaiksteinen dekorativ gepflastert. Es blieb immer genügend Geld übrig, um sich wertvolle Aufbauten und Türmchen zu leisten. Der 3,5 km lange Kurfürstendamm entwickelte sich zum weltstädtischen Boulevard mit Gaststätten, Hotels, Theatern, Galerien, Büros und eleganten Geschäften. Wer erinnert sich noch, daß dieser Damm einst der Reitweg von Kurfürst Joachim II. im 16. Jahrhundert war!

Blick von der Ecke Augsburger- in die Joachimstaler Straße über die Kreuzung mit dem Kurfürstendamm hinweg in Richtung Bahnhof Zoologischer Garten. Alles sah früher völlig anders aus. Heute erinnert nichts mehr an die vergangene Kaiserzeit. Das Eckhaus links im Bild ist später die berühmte Kranzler-Ecke geworden. Rechts die mächtigen Wohnpaläste mit gewaltigem Eingangstor und der Beletage lassen noch nichts ahnen von dem mehrfachen Wandel dieser markanten Kurfürstendammecke zur Augsburger Straße. Heute steht hier das neue C & A Kaufhaus. Der links im Bild zu sehende Platz mit Zeitungsstand und den Eingängen zur unterirdischen Bedürfnisanstalt ist bis heute erhalten geblieben. Statt der heutigen Taxis stehen dort die Pferdedroschken. Die Dame im weißen langen Kleid zeigt die Mode des Jahres 1900, ebenso das Dienstmädchen, das mit dem Korb zum Einkaufen geht.

In den Gründerjahren, als überall in Charlottenburg gebaut wurde und manche Ecken aussahen wie Goldgräberstädte, entstand im Mai 1897 zwischen dem Kurfürstendamm und Savignyplatz auf einem großen leerstehenden Gelände eine "Transvaal-Ausstellung". Das Deutsche Kaiserreich hatte zahlreiche Kolonien in Übersee und man wollte die Neugier der Bevölkerung für Exotisches befriedigen. Alles was man sich z.B. von Afrika vorstellte, war dort zu sehen. Siedlungen mit Lehmhütten der Afrikaner, ausgestopfte Raubtiere, eine Goldmine und die figürliche Darstellung der Eingeborenen verschiedenster Stämme in ihren typischen Kleidungen. Der Traum vieler Bürger einmal nach Afrika zu reisen, konnte hier scheinbar erfüllt werden. So war diese Ausstellung stets ein großer Publikumsmagnet. Man kannte noch kein Kino, geschweige denn Fernsehen: das Wissen stammte lediglich aus Büchern. Die Ausstellung zeigte alles, wovon man sich vorher nur in der Phantasie ein Bild machen konnte.

Wer ahnt, wenn man hier in die Meineckestraße vom Kurfürstendamm hineinschaut, daß hier noch vor wenigen Jahren Felder lagen und Ackerbau betrieben wurde. Man wird den 2. Juni 1875 als den eigentlichen Geburtstag des Boulevards ansehen dürfen. An diesem Tag wurde durch Kabinettsorder Kaiser Wilhelm I. der Bau der Straße zwischen Hardenberg- und Leibnizstraße festgelegt. Man begann mit einem 5 m breiten provisorisch gepflasterten Streifen um Wagenverkehr zu ermöglichen. Beim provisorisch gepflasterten Weg blieb es bis 1882. Erst dann begann der Ausbau. Der Grund für diese nicht unerhebliche Verzögerung war, daß der Fiskus den Ausbau nicht finanzieren wollte. Der preußische Fiskus war sehr knickerig. Gleichzeitig beteiligte er sich wie ein Kapitalist an den Bodenspekulationen. Der Ausbau des Kurfürstendamms ist der Initiative privater Financiers überlassen worden, die schließlich nicht auf sich warten ließen.
Man beachte hier in der Nebenstraße die typische Pflasterung des zentralen Bürgersteiges mit großen Granitplatten, die sogar das Laufen der Damen mit Stöckelschuhen ermöglichten.

An dieser Ecke zweier vornehmer Straßen, Kurfürstendamm und Fasanenstraße befand sich das Restaurant “Zum Fasan“ vom Inhaber Paul Cladis am Kurfürstendamm 27. Hier traf man sich im Vorgartenrestaurant an der frischen Luft mit Freunden, um bei einem Getränk Ideen auszutauschen oder Geschäfte zu machen. Die kleine Herrenrunde im Vordergrund ist gut “behütet,“ verfügt über elegante Spazierstöcke, die Schuhe sind auf Hochglanz gewienert und man sieht, daß es ihnen recht gut geht. Der Kellner steht in “Hab-Acht-Stellung“ und man spürt die Ruhe und Gelassenheit vergangener Zeiten. Von Hektik keine Spur! Von diesen vergangenen Zeiten des Bildes ist nur die Reklame vom “Pilsner Urquell“ geblieben. Das Restaurant verfügte bereits über einen Fernsprecher, mit dem man über das Fräulein vom Amt verbunden werden konnte.

Die Fasanenstraße Ecke Kurfürstendamm zählt zu den noblen Adressen Charlottenburgs. Wie kam diese Straße zum Fasanennamen? König Friedrich der Große ließ auf seiner Reise von Berlin nach Potsdam hier am Hopfenbruch anhalten und betrachtete diese öde Gegend. „Dieses öde Moor gefällt mir nicht", meinte er. „Ich werde es trockenlegen lassen, dann kann man Äcker und Wiesen daraus gewinnen." Bald begannen die Arbeiten und es wurden kleine Gräben gezogen, die das Moorwasser ableiteten und einem Hauptgraben zuführten. Dieser floß in den Karpfenteich neben der Schloßstraße. So wurde der Hopfenbruch urbar gemacht. Den größten Teil des neugewonnenen Landes erhielt Charlottenburg. Ein Stück des Bruches aber ließ man so liegen, wie es war. Dort wurden Fasane ausgesetzt und es entstand eine Fasanerie. Aus der Fasanerie ist in späteren Jahren weiter östlich der Zoologische Garten entstanden. Übrigens war in dieser morastigen Gegend der Kurfürstendamm ein aufgeschütteter Damm.

Verkehrspolitisch lag der Bau der U-Bahnstrecke vom Wittenbergplatz zur Uhlandstraße im besonderen Interesse der Stadt Charlottenburg. Sie sollte ein Anfang sein für den Bau der U-Bahn unter dem Kurfürstendamm bis zum Ringbahnhof Halensee und weiter bis in den Grunewald. Die Stadtgemeinde Charlottenburg steuerte zwei Millionen Goldmark bei. Der 1,5 km lange Abschnitt Wittenbergplatz – Uhlandstraße konnte am 12. Oktober 1913 in Betrieb genommen werden.

Nach dem Ende des Kaiserreiches 1918 war weder Geld noch Interesse vorhanden, diese wichtige Verbindung wenigstens bis Halensee weiterzuführen, zumal die andere nach Westen Richtung Reichskanzlerplatz (heute: Theodor-Heuss-Platz) führende U-Bahn an der Kreuzung mit der Ringbahn am Kaiserdamm kein direktes Umsteigen erlaubt. Zwei verkehrspolitische Fehler, die bis heute nicht korrigiert wurden.

Das Foto aus der Zeit 1914/18 zeigt am U-Bahnausgang zwei kriegsverwundete Soldaten.

Ein besonderer Blickfang am Kurfürstendamm ist das bis heute erhalten gebliebene Uhlandeck mit dem langgestreckten Doppelwohnhaus Uhlandstraße 171-174. Im Volksmund wurde dieser prächtige Bau als "Uhlandschloß" bezeichnet. Er zeigt die Bautradition der Jahrhundertwende. Entstanden 1898 nach Plänen des Kirchenbaumeisters Engelbert Seibertz, wurde der wilhelminische Bau 1989 auf Initiative des Architekten Reinhard Müller einer grundlegenden Modernisierung unterzogen. Die Klingbeil-Gruppe investierte rund 14 Millionen DM.

Beeindruckend ist der an eine Pickelhaube erinnernde Turmaufsatz an der Ecke zum Kurfürstendamm. Berühmt ist auch die Traditionskonditorei Oscar Möhring, die in diesem "Uhlandschloß" beheimatet war. Man achte auch auf die überhohe Fahnenstange auf dem Dach, an der sicherlich an den Feiertagen stolz die schwarz-weiß-rote Flagge des Zweiten Deutschen Kaiserreiches oder die schwarz-weiße Flagge des Königreiches Preußens gehißt worden war.

Das Berliner Adreßbuch des Jahres 1877 verzeichnete einige Häuser am Kurfürstendamm, darunter auch Fontanes Gärtnerei, das Stümnersche Haus und eine beträchtliche Zahl von Baustellen. Mietskasernen entstanden nur am unteren Kurfürstendamm (heute: Budapester Straße), für den die Kabinettsorder vom 5. Juni 1875 keinen Ausbau auf 53 m Breite, d.h. zum Boulevard, vorsah. Ende der 80er Jahre reichten die großen Mietshäuser über die Kurfürstenstraße bis auf die Charlottenburger Gemarkung vor. Bald darauf war die Baulücke bis zum 1889 angelegten Gutenbergplatz (ab 1891: Auguste-Viktoria-Platz, heute: Breitscheidplatz) mit der Gedächtniskirche geschlossen. Westlich davon gab es einige Villen, die in die Baufluchtlinie des 53 Meter breiten Boulevards hineinragten und im Zuge der kurz vor 1890 auch hier einsetzenden geschlossenen Bebauung abgerissen wurden. 1896 dringt die Bebauung bis zur Joachimstaler Straße vor. Danach ging es Schlag auf Schlag weiter, eine Querstraße nach der anderen wird überschritten und in den ersten Jahren des neuen Jahrhunderts ist man über die Knesebeckstraße hinweg.

Der Sohn des Gründers der AEG und späterer Präsident der AEG Walther Rathenau, der in der Weimarer Republik als Außenminister wirkte, äußerte sich 1899 in einem Aufsatz sehr kritisch über das Stilchaos am Kurfürstendamm: „...man fühlt sich wie im Fiebertraum, wenn man eine der großen Straßen des Westens zu durcheilen gezwungen ist. Hier ein assyrischer Tempelbau (der von der Transval-Ausstellung 1897), daneben ein Patrizierbau aus Nürnberg, weiter ein Stück Versailles, dann Reminiszenzen vom Broadway, von Italien, von Ägypten .... tausend mißverstandene Formen quellen aus den Mauern dieser kleinbürgerlichen Behausungen ... hier wohnen ein paar hundert Kanzleibeamte, Ladenbesitzer und Agenten; einer von ihnen hat dieselben Gewohnheiten, Ansprüche und Einkäufe wie der andere...". Was wäre wohl die Meinung Rathenaus beim Anblick des heutigen Kurfürstendamms? Der liberale Politiker Walther Rathenau wurde am 24. Juni 1924 von Rechtsradikalen ermordet.

Auf beiden Seiten des Kurfürstendammes wurden die wenigen kleinen und alten Häuser abgerissen. Es entstanden große Wohngebäude und Geschäftshäuser der Geldaristokratie. Riesige Gewinne wurden gemacht und hier gut angelegt: Prachtgebäude mit großen Eingangshallen, die mit Marmor getäfelt und Spiegeln geschmückt sind. Überall blitzt es von blankgeputzten Messingverzierungen und die Kristallüster brechen das Licht. Auf weichen Veloursläufern schritt man zu den Fahrstühlen und erreichte die Etagenwohnungen, die oft mehrere hundert Quadratmeter groß und wie Schlösser, Burgen oder fürstliche Sitze ausgestattet sind, zu sehen an der Ecke Kurfürstendamm/Wielandstraße. Auch hier blieb den Investoren noch genügend Geld übrig, um die Fassade zu verschönern, die Dachsimse mit Figuren und Giebeln und die Dachecke mit einem großartigen kupfernen Zierturm zu schmücken. .

Wer die Wielandstraße anschaut, die hier den Kurfürstendamm kreuzt, kann sich nicht vorstellen, daß hier noch vor Kurzem die Füchse sich „Gute Nacht!“ gesagt haben. Zuerst gab es Finanzierungspläne der in London gegründeten "Kurfürsten Avenue Land Company Limited (Berlin)“. Diese scheiterten, weil, wie die Engländer behaupteten, der Forstfiskus ihnen nicht schnell genug gewisse Wünsche erfüllte. Daraufhin wurde mit der Regierung in Potsdam durch Herrn Booth ein Vertrag gemacht, daß die Straße in der gewünschten Ordnung und Breite gebaut wird. Im Gegenzug verpflichteten sich die Investoren eine Fläche von 234 ha vom angrenzenden Grunewald auf die Dauer von 90 Jahren zu einem mäßigen Zinssatz zu pachten und bis zum 30. September 1892 dieses Land zu 12.000 Goldmark/ha ausschließlich des Holzwertes zu kaufen, um dort eine Landhauskolonie zu errichten. Booth und Konsorten traten ihre vertraglichen Rechte an die Deutsche Bank ab, wobei die Bank 155.000 qm am Kurfürstendamm zu 2.060.514,55 Goldmark erwarb. Die Gesellschaft legte von 1883-86 den Kurfürstendamm in seiner jetzigen Gestalt an. Der Gewinn lag bei 212 %, und auf das Stammkapital von 8 Mill. Goldmark sind schließlich 25 Mill. ausgeschüttet worden, davon 11,5 Mill. Goldmark an die Aktionäre.

Der Ausbau des Kurfürstendamms zur Prachtstraße wurde 1870 geplant. Der 1869 geplante Reitweg erhält nun den Charakter eines Boulevards nach Pariser Art. Das französische Vorbild, die Champs Elysees mit einer Breite von 100 m, wird jedoch in Berlin nicht verwirklicht. Der Beharrlichkeit des Reichskanzlers, Fürst Otto von Bismarck, ist es zu verdanken, daß die ursprünglich geplante Breite von 30 letztlich auf 53 Meter erweitert wurde. Der Ausbau der Prachtstraße geht nur langsam voran. Das gilt in noch stärkerem Maße für die Bebauung der Umgebung, die noch 1886 weitgehend Feldmark ist.
In dem vom Architektenverein 1877 herausgegebenen Werk "Berlin und seine Bauten" heißt es über die üblichen Maße der Berliner Straßen: „Die Breiten der Straßen in den älteren Stadtteilen Berlins wechseln von 7,5 bis 22,6 m einschließlich Bürgersteig. Die neueren Straßen sind 19 bis 68 m breit. Die je 49 m breite Bülow-, Kleist- und Tauentzienstraße erhalten in der Mitte eine mit Baumreihen eingefaßte Promenade von 11 m Breite, beidseits Fahrdämme von 9,4 m, Bürgersteige von je 5,7 m und Vorgärten von je 3,9 m Breite".
Man beachte die Reiter auf dem Mittelstreifen des Kurfürstendamms.

Nahe des heutigen George-Grosz-Platzes erhebt sich auf dem Grundstück Kurfürstendamm 193/194 ein fünfgeschossiger Mauerwerksbau im Stil der Moderne. Das 1911/12 von Robert Leibnitz errichtete Gebäude war einmal nicht nur das größte Hotel Charlottenburgs, sondern auch von Berlin. Unter dem Namen "Boarding-Palast" eröffnet, war dem 700-Betten-Haus jedoch kein Glück beschieden. Bereits ein Jahr nach seiner Eröffnung ging das Hotel in Konkurs. Es wurde bis zum Ausbruch des Ersten Weltkrieges als "Hotel Cumberland" weitergeführt. Dann nutzte man es als Bürogebäude.
Für den Kurfürstendamm typisch das elegante Vorgartenrestaurant des Hotels, ermöglicht durch die überbreiten Bürgersteige dieser Prachtstraße. Vom motorisiertem Verkehr ist nichts auf dem Bild zu sehen. Lediglich eine elegante Pferdekutsche wartet vor diesem großen Hotel. Zeigt sich damit bereits der Niedergang im Eröffnungsjahr?

Der Kurfürstendamm ist hier an der Ecke Konstanzer Straße bereits voll bebaut. Der Bauboom, der nach dem Sieg über Frankreich begann, ließ hier die Grundstückspreise in die Höhe schnellen. 1861 kostete der Quadratmeter noch 0,12 Mark, 1864 bereits 1,00 Mark, 1868 verdoppelte sich der Wert auf 2,00 Mark. Drei Jahre später, nach dem Krieg kletterte der Preis bereits auf 10-12 Mark, 1885 auf 20-50 Mark, 1890 auf 30-80 Mark und zur Jahrhundertwende auf 80-200 Mark. Wer hier spekuliert hatte, konnte Millionen Goldmark Gewinn verbuchen. Den ursprünglichen landwirtschaftlichen Besitzern wurden schon Anfang der 70er Jahre die Grundstücke abgekauft. Von 1870-1900 oder in etwa 30 Jahren sind am Kurfürstendamm durch die Steigerung des Bodenwertes um ungefähr das 600fache private Vermögen im Gesamtbetrage von rund 60 Millionen Goldmark aus dem Nichts entstanden.
Ab dem 5. Mai 1886 schnaufte eine Dampfstraßenbahn den Kurfürstendamm entlang zum Grunewald, den man bequem, vielleicht aber etwas verrußt erreichte. Es war eine Erschließungsbahn, so wie später die U-Bahn nach Westend. Sie erschloß die Gegend und reizte zum Investieren.

Wer auf diese breite Prachtallee Kurfürstendamm schaut, kann sich nicht vorstellen, daß die Geschichte dieser Straße noch so jung ist. Der Kurfürstendamm war ursprünglich ein aufgeschütteter Damm, ein Reitweg durch slawisch-brandenburgisch-preußisches sumpfiges Gelände. 1842 wollten die Lietzower neun alte Eichen abholzen. Dies wollte König Friedrich Wilhelm IV. verhindern, da er Sinn für dekorative Elemente in der Landschaft hatte. Schließlich gab es nach acht Jahren zäher Verhandlung der staatlichen Organe mit den Lietzowern 1850 einen Vertrag. Der Damm wurde Besitz des preußischen Fiskus. Bei der Verteilung der neuen Rechte der anliegenden Ackerbürger konnte der Bauer Engel sich das Recht sichern, den Reitweg auch zum Fahren zu nutzen und das dort wachsende Gras zu ernten. Die Planung für die neue Straße begann erst 1870, denn beim Reitweg sollte es nicht bleiben. Alle an der Planung Beteiligten waren von der unaufhaltsamen Expansion der Stadt Charlottenburg überzeugt. Daß es zu einer Prachtstraße kam, hat Charlottenburg hauptsächlich dem Reichskanzler von Bismarck nach seinem Sieg und Rückkehr aus Paris 1871 zu verdanken.

Der Olivaer Platz, südlich vom Kurfürstendamm an der Konstanzer Straße, ist benannt nach der Stadt Oliva, die zwischen Danzig und Zoppot in Westpreußen liegt. Der Frieden von Oliva beendete am 3.5.1660 den Polnisch-Schwedischen Krieg und bestätigte die Souveränität des Herzogtums Preußen. Dieser elegante Platz liegt an der Grenze zwischen Charlottenburg und Wilmersdorf. Interessant sind auf dieser Aufnahme die Spreewälder Ammen, erkenntlich an ihren weißen Flügelhauben. Die besseren Herrschaften in Charlottenburg und Wilmersdorf ließen sich für ihre Kinder Ammen aus dem Spreewald kommen. Diese stillten nicht nur gut die Kinder, sondern hüteten sie auch. Die Muttermilch der Spreewälder Ammen stand in dem Ruf sehr gut zu sein.
Auf dem Platz sieht man eine große Kinderschar, Zeugnis einer kinderreichen Zeit. Dieser Reichtum konnte früher die Renten sichern.

Der vom Kaiser Wilhelm II. geschätzte Neubarock war bis in die ersten Jahre des 20. Jahrhunderts der beliebte Baustil für Millionäre am Kurfürstendamm. Siehe Eckhaus zur Leibnizstraße, errichtet 1905-07 von den Architekten Henry Gross und Hans Toebelmann. Inzwischen wurden die Wohnungen, wahre Paläste in der Kaiserzeit, in kleinere Wohneinheiten aufgeteilt. Dieser pompöse Baustil wurde 1907 abgelöst von einem neuen Hofstil, der sich an der Antike und am Klassizismus, zum Teil friderizianischer Prägung orientierte und Eingang in die Charlottenburger Architektur fand.
Auf dem Mittelstreifen des Kurfürstendammes befand sich ein breiter Reitweg, zum Ausritt unter im Sommer schattenspendenden Bäumen. Rechts und links des Reitweges fuhr die Elektrische und auf dem breiten Bürgersteig befand sich eine Sitzbank an der Haltestelle der Straßenbahn.

Am Kurfürstendamm Ecke Leibnizstraße befindet sich links ein steinernes Brunnenbecken mit am Rand aufgesetzten Tierplastiken. Es ist der "Entenküken-Brunnen" des 1868 in Groß-Auheim bei Hanau geborenen Tierbildhauers August Gaul aus den Jahren 1883-1908.
Auch bei diesem Eckhaus hat man nicht vergessen zu Ehren des Kaisers einige Türmchen als Dachschmuck anzubringen. Von den vornehmen Gebäuden des Kurfürstendammes mit den großzügigen palastartigen Wohnungen schaut man in die Leibnizstraße in Richtung Norden, wo sich Wohnhäuser der Mittelklasse befanden. Die Bevölkerungsschichten wohnten alle dicht beieinander, die Besserbetuchten in den Vorderhäusern, die weniger Bemittelten in den Seitenflügeln oder Hinterhäusern. Obwohl im kaiserlichen Deutschland in den Gründerjahren überaus großzügig und modern gebaut wurde, sah es mit der sanitären Ausstattung recht dürftig aus. Selbst Riesenwohnungen verfügten oft nur über eine Toilette mit Bad, während Wohnungen in den Seitenflügeln oder Hinterhäusern manchmal ohne Toilette auskommen mußten. Diese waren eine halbe Treppe tiefer zusammen mit dem Nachbarn zu benutzen Diese Situation besserte sich erst mit dem Beginn des 20. Jahrhunderts.

Ein Blick vom Kurfürstendamm in die Brandenburgische Straße in Richtung Fehrbelliner Platz. Diese Ecke (heute: Adenauerplatz) ist das Tor nach Wilmersdorf. Auch hier eine überbreite Straße mit großzügigen Bürgersteigen und für die Straßenbahn ein breiter Mittelstreifen für die Gleise. Beide Eckhäuser sind mit mächtigen Türmen bewehrt und die Wohnhäuser sind für den gehobenen Bedarf. Auf der linken Seite ist in der dritten Etage auf dem Balkon sogar eine Statue. Das rechte Eckhaus verfügt über große Balkone mit je zwei Säulengruppen, so daß der Balkon wie ein Kreuzgang eines Klosters wirkt. Charlottenburgs Aufschwung ist auch sehr den Mitbürgern jüdischen Glaubens zu verdanken, deren beste Vertreter in Charlottenburg heimisch wurden. Sie sorgten dafür, daß Charlottenburg durch das hohe Weltniveau der Künstler, Professoren, Dozenten, Ingenieure, Juristen und Journalisten berühmt wurde. Der Anteil der jüdischen Bevölkerung Charlottenburgs stieg von 4,96% (1895), über 15,87% (1910) auf 17,69% (1925) und stellte nach den Protestanten und vor den Katholiken die zweitstärkste Glaubensgemeinschaft. Charlottenburg war nach Berlin und vor Wilmersdorf die Stadt mit der größten jüdischen Gemeinde in Preußen.

Bis auf eine Baulücke ist die Clausewitzstraße, eine Querstraße des Kurfürstendamms, bereits bebaut. Die Straße ist benannt seit dem 8.12.1906 nach Karl von Clausewitz, der als preußischer General das für die Grundsätze der Kriegsführung bedeutende Buch "Vom Kriege" schrieb, das international auf allen Kriegsakademien als Lehrbuch gilt. Er war Mitarbeiter von Scharnhorst und Gneisenau.

Die Bebauung und Besiedlung des Kurfürstendamms und seiner Nebenstraßen erfolgten innerhalb kürzester Zeit. Die enormen Zuwachsraten der Bevölkerung Charlottenburgs beruhten hauptsächlich auf der Zuwanderung aus anderen Teilen des Deutschen Kaiserreiches, vor allem aus den mittleren und östlichen Provinzen Preußens. 1895 z.B. stammten 7,6% der Charlottenburger Bevölkerung aus Schlesien, 5,5% aus Posen, 6,2% aus Pommern, 5% aus Ost- und 3,7% aus Westpreußen. Fast ein Fünftel, nämlich 19,2%, stammten aus der Provinz Brandenburg. Die Rheinprovinz war mit 1,5% nur schwach vertreten. Von den anderen Staaten des Reiches hatten lediglich Sachsen mit 4,7% einen relativ hohen Anteil. Auffallend groß war der Anteil der weiblichen Bevölkerung aus den Ostprovinzen Preußens. Sie kamen gerne als Dienstpersonal in die Haushalte wohlhabender Charlottenburger.

Die zahlreichen erhaltenen Schulbauten aus dem Kaiserreich zeigten für ihre Zeit großzügige Raumaufteilungen. Die engen Grundstücksanlagen wurden geschickt ausgenutzt. Als Beispiele für diesen Schultyp, der sich durch baukünstlerische Qualität und das hohe Niveau der handwerklichen Ausführung auszeichnet, seien die Schulen in der Sybelstraße, die hier im Bild wiedergegeben ist, der Schiller- und der Cauerstraße genannt. Der Turm der Schule in der Sybelstraße ist bis heute ein Wahrzeichen dieser Straße und weithin sichtbar.

Als diese Gegend erschlossen und bebaut wurde, befanden sich hier am Ende des Kurfürstendamms zunächst viele Interimsbauten für Sportstätten, Aus- und Schaustellungen. Die Shows jener Zeit verliehen dem Kurfürstendamm als Aus- und Schaustellungsstraße beinahe etwas vorstädtisches. Z.B. gab es eine Radrennbahn an der Katharinenstraße (1891-1899), eine andere an der Sybel- und Roscherstraße, während weiter dem Walde zu schon 1882 Richter's "Wirtshaus am Halensee" geöffnet hatte.

Wie in allen Städten unseres Vaterlandes mußten auch die Charlottenburger Steuern zahlen. Das Geld floß in die Kasse des Königs, der damit die Ausgaben des Staates bestritt. Die wichtigste Steuer war die Akzise. Diese Abgabe mußte für alle Waren gezahlt werden, die in die Stadt gebracht wurden. Nun hatte aber Charlottenburg keine Mauern. Die Waren wurden auf Schleichwegen in die Stadt gebracht, um die Steuer zu umgehen. Im alten Charlottenburg waren anfangs die Einnahmen aus der Akzise nicht sehr hoch. Die Bürger waren arm und konnten auch nicht viel kaufen. Darüber ärgerte sich der Soldatenkönig. Er wollte Charlottenburg aus diesem Grunde auf die Stufe eines Dorfes degradieren, um mehr Steuereinnahmen zu erzielen. Seine Beamten verzögerten diesen Rückstufungsprozeß um drei Jahre. Der König starb. Sein Dekret geriet in Vergessenheit.

Auf dem Bild sehen wir das Steuerhaus von Berlin am heutigen Charlottenburger Tor. Dort wurde auch bis zum 31.12.1874 eine Mautgebühr von jedem Kutscher für die neue Chaussee verlangt. In der Kaiserzeit blühte Charlottenburg auf und der König von Preußen konnte mit überreichen Steuereinnahmen aus dieser aufstrebenden Großstadt rechnen.

Charlottenburg als reichste Stadt Preußens benötigte ein Gegenstück zum Brandenburger Tor Berlins. Bürgerlicher Geltungsanspruch läßt daher ein Prunktor am Eingang der Stadt an der Ost-West-Achse an der Charlottenburger Brücke für über eine Million Goldmark entstehen. Das von Bernhard Schaede entworfene Tor besteht aus zwei Pfeilern mit kolonnadenartigen Säulenbauten. Davor standen in Richtung Charlottenburg zwei Säulen, wuchtige steinerne Kandelaber, während am Eingang der Stadt von Heinrich Baucke geschaffene Bronzestatuen an die Stadtgründer Sophie Charlotte und König Friedrich I. mit Krönungsmantel und Zepter erinnern. Die Königin Sophie Charlotte hält ein Modell des Schlosses Charlottenburg in den Händen (siehe Seite 156).
Die Torgruppe wurde 1939 im Rahmen der Neugestaltung der Ost-West-Achse weiter auseinandergeschoben, um dem zunehmenden Verkehr gerecht zu werden. Siehe auch Foto vom Titel dieses Bildbandes.

1845 zogen zwei Arbeiter-Kolonnen von je 500 Mann unter klingendem Spiel mit Karren, Spaten und Schippen nach Charlottenburg und stellten sich zu beiden Seiten des Schafgrabens auf. Musikanten bliesen einen Choral, in den alle einstimmten. Dann ertönte ein lauter Tusch und mit Hurra begannen die Arbeiter zu schaufeln. Sie begannen mit dem Bau des Landwehrkanals.
Schon immer hatten Schiffe über Havel und Spree Waren nach Charlottenburg gebracht. Das war billiger als mit Fuhrwerken. Aber die Spree war wegen ihrer vielen Windungen kein günstiger Wasserweg. Deshalb wurde der Kanal gebaut. Damit die Schiffe unter der Charlottenburger Chaussee (heute: Straße des 17. Juni) durchfahren konnten, mußte die Straße erhöht werden.
Auf dem Bild mit den aus Charlottenburg ausrückenden Soldaten, die durch das Charlottenburger Tor ziehen, sieht man deutlich die ansteigende Fahrbahn bis zur Kanalbrücke. Siehe auch das farbige Foto auf dem Einband dieses Buches, auf dem der Kanal unter der Brücke zu sehen ist.

Mit ihrem Umzug aus den Gebäuden ihrer Vorgängerinstitute, Bauakademie (seit 1799) und Gewerbeakademie (seit 1821), in den palastähnlichen Neubau in Charlottenburg unterstrich die Königliche Technische Hochschule (TH) fünf Jahre nach ihrer Gründung 1884 die Bedeutung der technischen Wissenschaften gegenüber den humanistischen Fächern der Universität. Das Hauptgebäude ist in der Tradition nach Schinkel gebaut worden. Es hat seine besondere Qualität aus dem Zusammenwirken einer strengen Architektur mit einer anmutigen Grünpflanzung.
Den neuen Rang der Naturwissenschaften verdeutlichte schon die Anwesenheit von Kaiser und Kronprinz zur Einweihung am 2. November 1884. Der spätere Kaiser Wilhelm II. besuchte in seiner Regierungszeit (1888-1918) regelmäßig die TH, um sich Experimente des neuesten Standes der Forschungen vorführen zu lassen. Der Hundertjahrfeier 1899 wohnte die kaiserliche Familie bei und stellte die TH durch die Verleihung des Promotionsrechts den Universitäten gleich.

In den Jahren 1905-1907 wurde an der Bismarckstraße ein "bürgerliches Volkstheater" für 1.659.000 Goldmark mit 1.450 Plätzen errichtet. Den Bau hat die Stadt Charlottenburg finanziert. Seine architektonische Gestaltung nach Entwurf von Heilmann und Littmann dokumentiert fern jeder Monumentalität das Ringen um neue Ausdrucksformen in der Baukunst jener Zeit, die mit dem Begriff "Jugendstil" unzureichend bezeichnet wird. Es galt das kulturelle Defizit minderbemittelter Schichten durch Schaffung eines volkstümlichen Schauspielhauses mit niedrigen Preisen auszugleichen. Der Genuß dramatischer Kunst sollte nicht den Reichen und Wohlhabenden vorbehalten bleiben, sondern Eingang in das Arbeiter- und Kleinbürgertum finden. Die heutige Bedeutung der Charlottenburger Theater und Lichtspielhäuser begann zunächst mit vier Einrichtungen in der Zeit des Kaiserreiches, mit denen die Stadt Charlottenburg eigenes bürgerliches "Theaterleben" der Reichshauptstadt gegensetzen wollte: Das Theater des Westens (1896), das Renaissance-Theater (1906) das Schillertheater (1907) und die Deutsche Oper, damals "Deutsches Opernhaus" (1912).

Der Name "Knie" (heute: Ernst-Reuter-Platz) erinnert daran, daß noch wenige Jahre vor dieser Aufnahme die schnurgerade Verbindungsstraße von Berlin nach Charlottenburg an dieser Stelle ihren einzigen Knick nach rechts hatte (vorne rechts Straßenbahnschienen).
Die Bismarckstraße mit der Verlängerung Kaiserdamm führte geradlinig weiter zum Reichskanzlerplatz (heute: Theodor-Heuss-Platz). Bis zur Jahrhundertwende hatte die Bismarckstraße nur eine Breite von 27 m und endete am Sophie-Charlotte-Platz. Im Jahre 1904 wurde die Straße, um dem gestiegenen Verkehrsaufkommen zu genügen, auf 50 Meter verbreitert und durch den gleichbreiten Kaiserdamm verlängert. Die Hauptfahrbahn befand sich in der Mitte der Straße. Breite Grünstreifen schirmten die anliegenden Wohnhäuser vom Verkehr ab. Auf dem linken Grünstreifen befand sich ein Reitweg und auf dem rechten die Gleise der Straßenbahn.
An der Stelle des mit zwei Türmen bewehrten Hotels Bismarck steht heute das Hochhaus der TU, das frühere Telefunken-Hochhaus.

Am 18. Februar 1902 erfolgte die Inbetriebnahme der ersten Berliner Hoch- und Untergrundbahn mit dem Teilstück Potsdamer Platz zum Stralauer Tor. Die Inbetriebnahme war natürlich für Berlin ebenso wie für die verkehrs- und bautechnische Fachwelt ein Ereignis. Charlottenburg wollte Berlin ebenbürtig sein. Am 11. März 1902 konnte die Verbindung Potsdamer Platz zum Zoologischen Garten aufgenommen werden. In Charlottenburg wünschten die Anwohner und Geschäftsleute der vornehmen Tauentzienstraße keine Hochbahn, so daß die Strecke ab Nollendorfplatz in weiser Voraussicht unterirdisch geführt wurde. Ein Streckenabschnitt nach dem anderen wurde eingeweiht. 1906 erreichte die U-Bahn den Wilhelmplatz (heute: Richard-Wagner-Platz) am Rathaus Charlottenburg. Wo die U-Bahn in die Richard-Wagner Straße abbiegt, entstand der Bahnhof Bismarckstraße (heute: Deutsche Oper). Auf Betreiben der Deutschen Bank wurde dieser neue Bahnhof gleich als Umsteigebahnhof geplant zur geradlinigen Weiterführung der U-Bahn unter der Bismarckstraße und dem Kaiserdamm zur Erschließung des neuen Investitionsgeländes zwischen Reichskanzlerplatz und Westend.

Entsprechend der wachsenden Bedeutung der selbstständigen Stadt Charlottenburg war zu Beginn des Jahrhunderts, als man bereits 202.300 (1902) Einwohner zählte, der Plan entstanden, der Königlichen Hofoper Unter den Linden ein eigenes bürgerliches Opernhaus entgegenzustellen. Das Haus ist in seiner klassizistischen Gestaltung noch ein Bau im Geiste Schinkels. Dank des kulturpolitischen Engagements der Stadt wurde 1911 aufgrund der Initiative des Komponisten Engelbert Humperdinck das Deutsche Opernhaus errichtet, das mit modernster Bühnentechnik ausgestattet wurde und 1912 über die größte Bühne der Welt (28 m breit und 20 m tief mit einer eisernen Rundhorizontkuppel von 18 m Durchmesser) verfügte. Der Zuschauerraum hatte drei Ränge und 2.300 Sitzplätze. Auf der Seite der Krummen Straße ist ein Gaststättentrakt angebaut. Die gesamten Baukosten beliefen sich auf 3.205.000 Goldmark. Die Eröffnung fand 1912 statt. Das Deutsche Opernhaus glänzte in Anwesenheit des Komponisten mit Premieren wie Puccinis "Mädchen aus dem goldenen Westen".

Hier blickt man von der Ecke Wilmersdorfer- die Bismarckstraße entlang in Richtung Sophie-Charlotte-Platz. Während die geschlossene Gebäudefront auf der linken Seite zur großzügig ausgebauten Prachtstraße der Ost-West-Achse architektonisch gehört, passen die nachfolgenden Gebäude zwischen Rückert- und Kaiser-Friedrich-Straße nicht ins städtebauliche Bild. Vermutlich waren diese Gebäude ursprünglich mit Front zur ehemaligen sehr schmalen Mühlenstraße gebaut, die dann, als die Mühlenstraße zur breiteren Bismarckstraße umgebaut wurde, ihr Vorderhaus durch Abriß verloren und eine fensterlose Hauswand zur Bismarckstraße entstand. Auch die rechte Straßenfront ist noch sehr ungleichmäßig und entspricht nicht dem Anspruch der Bebauung einer so großen und wichtigen Straße. Auf dem Bild sieht man zahlreiche Schulkinder mit ihren Ranzen. Die Seitenfahrbahn diente den Radfahrern. Hier an der Ecke kreuzten sich die Straßenbahnlinien der Wilmersdorfer- und der Bismarckstraße.

Diese Ecke würden die heutigen Charlottenburger sicherlich nicht lokalisieren können. Hier handelt es sich um die Bismarckstraße in Richtung Knie (heute: Ernst-Reuter-Platz) von der Ecke Wilmersdorfer Straße aus gesehen. Die Bismarckstraße war noch schmal. Die rechte Häuserreihe steht noch, mußte aber später für das Verbreitern der Ost-West-Achse abgerissen werden. Die Schienen und die Oberleitung für die elektrische Straßenbahn aber kein Verkehr sind zu sehen. Die Kinder können noch unbesorgt auf dem Fahrdamm der Kreuzung herumstehen, heute nicht möglich. Das linke Gebäude hat eine für Charlottenburg ungewöhnliche Architektur. Der Polizeiwachtmeister mit Pickelhaube vor der Buchbinderei und Papierhandlung schaut in Richtung Schloß und läßt sich nicht vom Fotografen ablenken wie die meisten Kinder. Sie kommen gerade aus der Schule mit ihren Schulranzen und tragen stolz ihre Schulmützen im Stil der Kaiserzeit. Die Straße ist mit Gaslaternen ausgerüstet und nur an der Oberleitung erkennt man, daß sich hier die Straßenbahnlinien der Bismarck- mit der Wilmersdorfer Straße kreuzen.

Das Eckhaus Bismarck-/Rückertstraße zeigt deutlich den Unterschied zwischen den besseren Häusern der Bismarck- und den einfachen Mietskasernen der Rückertstraße. Diese Querstraße ist benannt nach Prof. Friedrich Rückert. Er war ein meisterhafter Übersetzer, Bearbeiter und Nachdichter mittelalterlicher deutscher und französischer, aber auch indischer, arabischer und persischer Dichtung. Seine Gedichte zeugen von ungewöhnlichem Versmaß und lyrischem Empfinden.
Hinter der linken Straßenseite der Rückertstraße befand sich die Firma Aron (später: Nora), die große Teile des inneren Karrees ausfüllte und bis zur Wilmersdorfer Straße reichte, wo sich die Firmenverwaltung befand. Die Firma Aron entwickelte sich zu einer der modernsten Radiofabriken.
Die ersten Mietshäuser auf der rechten Straßenseite haben bis in die vierte Etage Balkone, während die Gebäude auf der linken Seite wie üblich nur bis zum dritten Stockwerk über Balkone verfügen. Beachtlich ist die mit reichem Reliefschmuck geschmückte obere Fassade des linken Gebäudes der Bismarckstraße sowie das erkerförmig vorstehende Treppenhaus zur Straßenfront mit wertvoller farbiger Bleiverglasung.

Blick von der Bismarck- in die Kaiser-Friedrich-Straße Richtung Schloß. Diese Straße ist jüngeren Datums, da hier die königlichen Gemüsefelder gegenüber dem Schloß waren. Das Gelände des ehemaligen Karpfenteiches war sehr morastig. Wegen des weichen Bodens wurde in diesem Bereich die Straße mit Baumstammstücken gepflastert. Diese Pflasterung konnte besser den Bodenbewegungen folgen. Erst Ende der 50er Jahre des 20. Jahrhunderts wurde sie ausgetauscht.
Im linken Eckhaus, erste Etage, wohnten die Autoren dieses Buches von 1943 bzw. 1947 bis 1961 und der Lektor von 1932 bis 1955 in einer 7-Zimmerwohnung mit drei Balkonen. Zur Familie Arthur Peuser aus Jüterbog und Anna Peuser, geb. Delius aus Staßfurt, gehörten acht Töchter und vier Söhne. Die Wohnung hatte Ausgänge zu beiden Straßen, was bei der Eroberung Berlins 1945 vorteilhaft war.
Im Zweiten Weltkrieg blieb an dieser Kreuzung nur dieses Eckhaus leicht beschädigt stehen. Leider wurde die schöne weiße Hausfassade einschließlich des Stucks und der unzerstörten Reliefs von Bismarck und Kaiser Friedrich III. über den Balkontüren im ersten Stock in den 70er Jahren abgeschlagen, da der Hauseigentümer keinen Zuschuß für die Fassadenrestaurierung erhielt.

Von der Bismarckstraße aus schaut man hier auf die östliche Häuserfront der Kaiser-Friedrich-Straße Richtung Schloß Charlottenburg. Das Eckhaus paßt weder zu den Gebäuden der Bismarckstraße noch zu denen der Kaiser-Friedrich-Straße. Diese Gegend hatte ein hohes Wohnniveau, die Dächer waren geschmückt und die Fassaden schön ausgearbeitet mit gemauerten Balkonen. Das Eckhaus macht den Eindruck eines der vielen Mietskasernen einer Nebenstraße, nur mit dem Unterschied, daß hier die Zimmer höher waren als in den feineren Häusern daneben. Außer diesem architektonischen Merkmal sparte man an allem und sogar am üblichen Türmchen auf der Dachecke. Im Erdgeschoß befand sich zur Kaiserzeit das Restaurant Patzenhofer von Paul Otto. Ein großer Fortschritt war der mit der Feuerwache Suarez verbundene Feuermelder an der Straßenecke. Damals fuhr die Straßenbahn noch in der Kaiser-Friedrich-Straße. Die Mittelpromenade, die hier mit Rasen geschmückt ist, wurde mehrmals verändert bzw. umgebaut. Das Eckhaus wurde 1945 beim Endkampf um Berlin von Granaten des Tiger-Panzers zerstört, der am Sophie-Charlotte-Platz eingegraben war und die Bismarck- und Schloßstraße beherrschte.

Von der Bismarckstraße blickt man hier die breite Kaiser-Friedrich-Straße hinunter bis zum Bahnhof Charlottenburg. Beachtlich sind in diesem Straßenzug die breiten Bürgersteige, die gepflegten Grünanlagen und die noch jungen Bäume. Die Fußgänger auf der linken Seite scheinen alle in Richtung Bahnhof zu laufen. Der Fahrdamm ist noch leer. Die Bäume und die Laternen auf dem linken Gehweg sind mit preußischer Ordnung gradlinig ausgerichtet. Architektonisch im krassen Gegensatz zu den einfachen Mietshäusern der Kaiser-Friedrich-Straße steht das modernere Eckhaus (rechts) in der Bismarckstraße, das bei der Eroberung Berlins 1945 mittels Flammenwerfer total zerstört wurde. Hier wohnten wohlhabende Familien in großen eleganten Wohnungen. Im Vergleich zu den Gebäuden in der Kaiser-Friedrich-Straße sind die Wohnungshöhen großzügiger ausgelegt. Wer zur privilegierten Klasse gehörte, schaute auf diese Details. In der linken Gebäudereihe gab es einen Durchgang zur Wilmersdorfer Straße. Dieser Durchbruch "Goethepark" ist eine gelungene und gute städtebauliche Idee zur Vermeidung von Hinterhöfen.

An der Bismarckstraße zwischen Sophie-Charlotte-Platz und Fritschestraße entstand im aufstrebenden Charlottenburg mit seinen zahlreichen Bürgern der gehobenen Klasse ein Zentrum von Automobilanbietern. Darunter auch die Firma Gustav Haller als Vertreter der Opelwerke und der N.A.G. Automobile in der Bismarckstraße 79. Gleichzeitig kamen Reparaturbetriebe und Anbieter von Ersatzteilen hinzu. Auch der Fahrradhandel blühte in diesem Bereich. Diese Tendenz konnte sogar bis in die zweite Hälfte des 20. Jahrhunderts beobachtet werden und bekannte Namen wie Bosch, die Volkswagen-Vertretung und das Fahrradhaus Klein zeugen dafür.
Das glänzende Automobil mit uniformiertem Chauffeur (übrigens war das Lenkrad damals noch auf der rechten Seite) und die Dame mit großem Hutschmuck zeigen eine Momentaufnahme der Gründer- und Friedensjahre der Monarchie.

Noch heute ist der patinierte kupferne Turm auf dem Eckgebäude an der Bismarck-/Ecke Fritschestraße ein schöner Orientierungspunkt. Die Fritschestraße ehrt den Oberbürgermeister von Charlottenburg, Hans Fritsche. Er wurde 1876 für zwölf Jahre gewählt. Er starb im Amt.

Das Foto zeigt die gerade fertiggestellte großzügige Aufteilung der Bismarckstraße um die Jahrhundertwende. Diese Ost-West-Achse hat eine mittlere Fahrbahn, links davon die Straßenbahngeleise, rechts der breite Reitweg und jeweils daneben eine zusätzliche Fahrbahn. Die jungen Lindenbäume bieten noch wenig Schatten. Die Fritschestraße und dieser Abschnitt der Bismarckstraße waren bekannt für Geschäfte der aufstrebenden Automobilindustrie und des Fahrradhandels. In der Fritschestraße befanden sich große Automobilparkplätze und Reparaturwerkstätten. Am rechten Bildrand erkennt man noch die Häuser, die dem späteren Finanzamt von Charlottenburg weichen mußten.

Einst beeindruckte dieses gewaltige Gebäude an der Ecke Bismarck-/Fritschestraße. Im Zweiten Weltkrieg wurde es zerstört und durch einen schlichten Neubau ersetzt. Die glanzvollen Zeiten waren vorbei. Das Eckgeschäft zeigt Handel von Fahrrädern und Automobilen. Hier kaufte man in den Ausstellungen und Geschäften die neuen Automobile. Fahrräder der berühmten Marke "Brennabor" waren ebenfalls hier erhältlich. Auf der linken Seite der Fritschestraße in der Mitte des Karrees befanden sich große Garagen, Werkstätten und Ausstellungsräume für Automobile. Auf dem Bild sieht man einige davon vor der Einfahrt auf der Straße parken. Auf der rechten Seite das berühmte Eckhaus mit dem schön patinierten Kupferturm, bis heute ein Merkpunkt der Ost-West-Achse. Das Eckgeschäft diente zur Kaiserzeit dem Verkauf von Zigarren und Zigaretten. Später zog dort die Bismarck-Apotheke ein.

Am Sophie-Charlotteplatz kreuzt die Ost-West-Achse die Schloß- und Suarezstraße. In der Mitte des Bildes endet die Bismarckstraße. Sie wird rechts durch den Kaiserdamm fortgesetzt. Vom rechten Eckhaus mit Turm geht die Windscheidstraße (vorher: Grüner Weg) ab. Ursprünglich endete hier die historische Mühlenstraße (heute: Bismarckstraße). Der Kaiserdamm war noch nicht geplant. Der Platz war jedoch bereits 1706 im Eosanderschen Plan als Anlage vorgesehen. Der Ausbau und die gärtnerische Gestaltung des Platzes erfolgten erst um 1910, da es wegen der Verbindung Karpfenteich zum Lietzensee sumpfiges Gebiet war. Zugleich begannen die Randbebauung des Platzes und der Bau des Kaiserdamms mit großen und repräsentativen Wohn- und Verwaltungsgebäuden. In der Bildmitte sieht man das Eckhaus an der Fritsche/Bismarckstraße. Das Bosch-Haus ist noch nicht vorhanden, sondern nur ein kleines Gebäude mit Erdgeschoß und hohem Dach.

Hier am Sophie-Charlotte-Platz endete die Bismarckstraße. In dieser fuhr die Straßenbahn, obwohl unterirdisch bereits Züge verkehrten. Sie bog an diesem Platz in die Schloßstraße ab. Man erkennt den Gleiskörper der Straßenbahn, wenn man durch das Tor des Einganges zur U-Bahn schaut. Damals waren die U-Bahnausgänge noch auf dem Grünstreifen zwischen der zentralen Fahrbahn und der Nebenfahrbahn. Man erkennt die typischen Möbelwagen, die Zeugnis davon geben, daß diese kürzlich errichteten Wohnhäuser nun bezogen werden. Das rechte Eckhaus hat zwar dem Wunsch des Kaisers entsprochen und verfügt über einen mächtigen Turm, der aber architektonisch nicht in die Landschaft paßt. Die Stadt Charlottenburg achtete und pflegte ihre Grünanlagen und es ist eine Freude diese Anlagen zu sehen. Charlottenburg war nicht nur eine reiche, sondern auch eine Stadt mit höchstem Niveau, so daß sich hier die Creme der Welt wohlfühlen konnte und auch Heimat fand.

Zu einem der markantesten und bis heute erhaltenen Eckhäusern Charlottenburgs zählt das unversehrt über den Zweiten Weltkrieg gekommene Haus Kaiserdamm 118/Ecke Suarezstraße. Das in jüngster Zeit mit einem freundlichen Anstrich versehene viergeschossige Wohnhaus zeigt zum Sophie-Charlotte-Platz eine architektonisch sehr gut gestaltete Fassade. Unterhalb eines hochgezogenen Renaissance-Giebels mit Schweifwerk liegen vier über die Stockwerke verteilte Erker, deren oberster Abschnitt mit Kupferplatten bedeckt ist. Bemerkenswert ist auch das romanische Eingangsportal mit kräftiger Bogenlaibung und figürlichem Schmuck. Das 1907 vom Architekten Hermann Heider für seinen Bruder, Kaufmann Kurt Heider, erbaute Haus wurde kurz nach Beendigung des Zweiten Weltkrieges von den Sowjets beschlagnahmt. In die bis zu 400 Quadratmetern großen Wohnungen zogen Offiziere der Roten Armee, die sich von ihren Soldaten bewachen ließen. Die siegreichen Offiziere hatten hohes Niveau. Der wertvolle holzgetäfelte und mit einem Kamin geschmückte Gebäudeeingang überstand unbeschadet die Besatzungszeit.
Auch auf diesem Bild sieht man noch die ehemaligen U-Bahneingänge auf den Zwischenstreifen der Fahrbahn.

Die helleren Wohnhäuser in der Bildmitte, die gegenüber dem Polizeipräsidium stehen, sind heute nicht mehr vorhanden, ebenso das helle Eckgebäude an der Witzlebenstraße. Heute befindet sich in der Bildmitte eine Tankstelle. Im Kaiserreich wurde diese Häuserfront des eleganten Kaiserdamms errichtet. Beachtlich sind die gepflegten Grünanlagen auf beiden breiten Streifen, welche die Hauptfahrbahn in der Mitte von den Nebenfahrbahnen trennen. Links im Bild ist der Sophie-Charlotte-Platz mit dem turmbewehrten Eckhaus an der Windscheidstraße (früher: Grüner Weg).
Zwischen 1890 und 1913 hat sich die Bevölkerungszahl Charlottenburgs vervierfacht auf 320.000 Einwohner und die großzügige Verkehrsplanung entsprach den Bedürfnissen der Stadt. So wurde auch unter dem Kaiserdamm die Untergrundbahn gebaut. Zusätzlich wurde für den vorderen Grünstreifen eine Straßenbahnlinie geplant.

Am Kaiserdamm hinter dem Sophie-Charlotte-Platz liegt auf der rechten Seite das Polizeipräsidium der Stadt Charlottenburg. Mit 78 Metern Straßenfront wurde der in neobarock ausgeführte Bau in den Jahren 1906 bis 1910 errichtet. Den um zwei Innenhöfe angelegten Verwaltungsbau entwarfen der Geheime Oberbaurat Launer und der Regierungsbaumeister Kloeppel. Infolge des sumpfigen Untergrundes, der auch den Ausbau des Sophie-Charlotte-Platzes behindert hatte, mußte der großzügige Gebäudekomplex auf Stahl-Betonpfählen gegründet werden. Die Gesamtkosten für diese zusätzliche Baumaßnahme beliefen sich auf 117.000 Goldmark. Der Kaiserdamm ist Teil der durch Charlottenburg führenden Ost-West-Achse. Ausgangspunkt ist der Sophie-Charlotte-Platz.

Auf diesem Foto ist alles neu, auch der Kaiserdamm an der Kreuzung mit dem alten Königsweg (heute: Wundtstraße), den die preußischen Könige zwischen Charlottenburg und Potsdam benutzten. Vor dem majestätischen Eckhaus auf der rechten Seite beginnt der Lietzenseepark. Heute ist der wuchtige Turm nicht mehr vorhanden, dafür hat das Eckhaus auf der gegenüberliegenden Seite des Kaiserdammes, das in der Kaiserzeit keinen Turm hatte, jetzt einen Turm.

Neben dem Charlottenburger Polizeipräsidium ist auf dem Bild eine Baulücke. Hinter dem Polizeipräsidium mit dem schlanken Turm sieht man das schräg zur Fahrbahn stehende Wohnhaus am Sophie-Charlotte-Platz. Ab dort heißt die Ost-West-Achse Bismarckstraße. Vorne rechts neben der Rasenfläche des Platzes vor dem Lietzenseepark sieht man zwei Offiziere in Grußhaltung. Die Straßenbeleuchtung dieser neu eröffneten Straße hat schon elektrisches Licht.

Um 1704/05 unterrichtete in einem in Lietzow vorhandenen Schulmeisterhaus ein ehemaliger Student, dem als Lehrer ein Schankwirt des Lietzenburger Schloßbezirkes folgte. Ein Hinweis auf die noch ungeordnete Rekrutierungspraxis des ländlichen Lehrpersonals. Dem Bildungsbedürfnis der jungen Stadt Charlottenburg konnten diese Verhältnisse nicht genügen. So baten die Einwohner um ein "informatorem" (Hauslehrer). Die Bitte führte zu einer Konferenz des anfangs als regierender Bürgermeister fungierenden Kronprinzen mit den Geheimräten Danckelmann und von Printzen am 13. Januar im Berliner Schloß. Erster Lehrer Charlottenburgs wurde der vormalige Küster aus Großbeeren, Friedrich Strecke, der Ostern 1706 sein neues Amt antrat. Bis zu seinem Tode Ende 1722 wirkte er als Küster und Schulmeister.
Am 13.4.1885 erhielt die abgebildete Straße den Namen Danckelmann. Er war Erzieher, späterer Berater des ersten preußischen Königs Friedrich I. und erster Minister. Auf dem Foto ist die Danckelmann-Schule.

In der Sophie-Charlotten-/Ecke Seelingstraße wohnte Heinrich Zille vom 1. September 1892 bis zu seinem Tode am 9. August 1929. Er gehörte zu den Persönlichkeiten, die weit über die Grenzen Charlottenburgs bekannt sind. Er war Zeichner, Maler und Chronist des Proletariats und Mitglied der Akademie der Künste. Sein Lehrer sagte: „Gehen Sie lieber auf die Straße raus ins Freie, beobachten Sie selbst, das ist besser als nachmalen. Was Sie auch werden – im Leben können Sie es immer gebrauchen; ohne zeichnen zu können sollte kein denkender Mensch sein..." Heinrich Zille hatte diesen Rat angenommen. Geprägt durch seine Umgebung, beeinflußt und geschult durch akademische Lehrer und immer konfrontiert mit dem Leben der Stadt, hat er seinen Werken jene Aussagekraft geben können, die uns heute ebenso begeistert wie nachdenklich stimmt. Auch in den glanzvollen Gründerjahren gab es viel Elend, Kriminalität und Prostitution. Heinrich Zille hatte immer den Finger am Puls des Volkes, welches die Hinterhöfe der Mietskasernen bewohnte.

Mitte rechts, die Rückseite der Schule der Danckelmannstraße und links an der Ecke der Laden Ullstein, in dem die Vossische Zeitung aushängt und fleißig von Passanten gelesen wird..

Der Kaiserdamm ist eine Verlängerung der Bismarckstraße, die am Sophie-Charlotte-Platz endet. Mit der Verlängerung wollte man eine Verbindung die sog. Döberitzer Heerstraße (heute: Heerstraße) herstellen. Im Mai 1903 beschloß die Charlottenburger Stadtverordnetenversammlung diese, später Kaiserdamm genannte Straße, als Teil einer langen breit ausgebauten Verbindung von Berlin zum westlich der Havel gelegenen Truppenübungsgelände zu bauen. Hierzu wurde eine Anleihe von 12 Millionen Goldmark aufgelegt. Die Brücke über das Tal der Ringbahn sollte auf drei Pfeilerreihen errichtet und so hoch über den Bahnkörper hinweggeführt werden, daß die geplante Untergrundbahn nach Westend noch zwischen der Straße und den Bahngleisen fahren konnte. Die Straße sollte 50 m breit sein, wobei die 11 m breite mittlere Fahrbahn von einem Reit- und einem 9 m breiten Straßenbahnweg sowie jeweils zwei Seitendämmen mit den Bürgersteigen begrenzt werden sollte. Leider hat man damals vergessen einen Umsteigebahnhof zwischen S- und U-Bahn vorzusehen. Der Kaiserdamm reichte seinerzeit bis zum S-Bahnhof Kaiserdamm (später: S-Bahnhof Heerstraße). Heute sind unter der Kaiserdammbrücke beiderseits der Ringbahnschienen die Stadtautobahntrassen.

In der Kaiserzeit, als Charlottenburg noch eine selbstständige Stadt war, wurden dank der Terrain-Gesellschaften und der Deutschen Bank die Linien der Untergrundbahn großzügig gebaut. Bei der Gestaltung der Bahnhöfe legte man Wert auf preußische Sparsamkeit, ohne die einwandfreie Funktion zu vernachlässigen. So wirken diese Bahnhöfe aus der Kaiserzeit fast spartanisch,. Es wurde nichts investiert in Schönheit und Kunst. Selbst der U-Bahnhof Kaiserdamm zeigt nichts von der architektonischen Großzügigkeit der monarchischen Zeit. Wie dieser Bahnhof waren auch die anderen der Charlottenburger Linie schlicht gehalten. Anfangs bestanden die Züge wegen des geringen Fahrgastaufkommens nur aus zwei Triebwagen. Nach der ersten nur 11 km langen Strecke der Berlin/Charlottenburger U-Bahn vom Jahre 1902 entwickelte sich ein Netz von U-Bahnlinien, dessen Gesamtlänge 1913 am Ende der ersten Ausbauperiode schon 35,6 km betrug. Der Bahnhof wie auch der Kaiserdamm, wurden nach dem Tode Konrad Adenauers in "Adenauerdamm" umgetauft. Die Anwohner protestierten so lange, bis der Kaiser wieder zu seinem Recht kam.
Historisch angemessener wäre gewesen den bis heute namenlosen Stadtautobahnring "Adenauerring" zu nennen.

Ein schönes Foto vom Kaiserdamm/Ecke Meerscheidtstraße in Richtung Reichskanzlerplatz. Die Meerscheidtstraße ist seit dem 19.4.1918 benannt nach Oskar Freiherr von Meerscheidt-Hüllesem, preußischer General und Kommandeur des in Charlottenburg liegenden 3. Garde-Grenadier-Regiments Königin Elisabeth. Auf dem Foto erkennt man die Spuren der Hufe der Pferde auf dem Reitweg. Auf der anderen Straßenseite ist der Grünstreifen im Originalzustand. Später wurden darauf Straßenbahngleise verlegt, obwohl schon unterirdisch die U-Bahn fuhr. Auch hier am oberen erst kürzlich gebauten und erschlossenen Kaiserdamm, dem Tor nach Westend, sind die Wohnhäuser für den gehobenen Bedarf. Eigenartigerweise verfügen diese Gebäude nur über wenige Balkone. Auch auf die üblichen Türme auf den Eckhäusern wurde verzichtet. Auf dem Rinnstein sitzen zwei Spatzen und warten auf "Pferdeäpfel".

Ein Blick den Kaiserdamm hinunter von der Ecke Meerscheidtstraße in Richtung Sophie-Charlotte-Platz. Inzwischen sind auf dem Grünstreifen zwischen der Haupt- und Nebenfahrbahn auf der linken Seite Gleise der Straßenbahn verlegt worden. Die Line "U" auf dem Bild fährt die Ost-West-Achse entlang in die benachbarte Stadt Berlin über Brandenburger Tor, dann Sommer- (heute: Ebert-) und Dorotheenstraße bis zur Endstation Kupfergraben.

Auf dem Bild sieht man straßenabwärts die U-Bahnausgänge der Station Kaiserdamm, die noch auf den beiden Grünstreifen rechts und links der Hauptfahrbahn lagen. Diese Ausgänge wurden später auf die Bürgersteige verlegt. Die Eckhäuser der Gebäudefront auf der rechten Seite sind zeitgemäß mit Türmen bewehrt. Jedes einzelne Wohnhaus hat eine eigene Architektur. Große Erker und Balkone spiegeln die hohe Wohnkultur wider. Der motorisierte Individualverkehrs hat begonnen. Von links fährt ein neues Kraftfahrzeug (heute ein Oldtimer) auf die Hauptfahrbahn des Kaiserdammes.

Die engen Verbindungen der Deutschen Bank mit der Hochbahngesellschaft und der 1903 gegründeten Neu-Westend-Gesellschaft, die das Westend erschließen wollte führte zur Planung der U-Bahn bis zum Reichskanzlerplatz (heute: Theodor Heuss-Platz). Mit der Weiterführung der Bahn nach Westen vom U-Bahnhof Bismarckstraße (heute: Deutsche Oper) bis Reichskanzlerplatz und den Bahnhöfen dazwischen (Sophie-Charlotte-Platz und Kaiserdamm) ist, nachdem die Stadt Charlottenburg und der Polizeipräsident von Berlin am 9. Mai 1906 die Genehmigung erteilt hatten, noch im selben Jahr begonnen worden. Die Genehmigung besagte, daß die Bauarbeiten spätestens am 1. April 1908 abgeschlossen sein mußten. Die Inbetriebnahme dieser 2,9 km langen Teilstrecke konnte termingerecht am 29. März 1908 mit einer Fahrt von Kaiser Wilhelm II. im sogenannten "Kaiserwagen" vom Leipziger Platz (heute: Potsdamer Platz) bis Reichskanzlerplatz erfolgen.
Auf dem Bild sieht man die bis heute erhaltenen Eingänge zur U-Bahn. Der Reichskanzlerplatz war aber noch nicht mit Gebäuden umbaut.

Der U-Bahnhof Reichskanzlerplatz (heute: Theodor-Heuss-Platz) ist schon errichtet und in Betrieb. Hier ist man mitten im Wald beim Restaurant Waldhaus am Kaiserdamm des Inhabers Carl Goerke. Auf dem Foto deutet nichts daraufhin, daß hier innerhalb weniger Jahre hochherrschaftliche Wohnhäuser lückenlos stehen werden. Noch sitzt man gemütlich im Vorgartenrestaurant und genießt die Waldluft. Ein Dreiradmobil ist als Beginn des Automobilzeitalters zu sehen. Die Straße ist gepflastert und mit Bordsteinkanten versehen, die Straßenbäume liebevoll gepflanzt, mit Schutzzaun versehen und die Erdfläche um die Bäume mit Gittern abgedeckt. Die Beleuchtung der Straße erfolgt schon mit elektrischem Licht. Die Bekleidung der Charlottenburger, Männer mit Melonen und Damen mit übergroßen Hüten lassen ahnen, dass Kaiser Wilhelm II ein Enkel der Queen Victoria von Großbritannien und Irland ist.

Noch liegt der Reichskanzlerplatz im "Dornröschenschlaf". Der U-Bahnanschluß ist da, aber noch keine Umbauung des Platzes. Für diese menschenleere Gegend wurde schon eine großflächige Grünanlage geschaffen. Man mußte den Kunden der Neu-Westend-Gesellschaft zeigen, daß sich hier eine vornehme Gegend entwickeln soll.
Auf dem Bild sieht man die Gebäude des Garnisonslazaretts (später: St. Hildegard-Krankenhaus) und ein Wohnhaus in einer Parallelstraße zum Platz. 1902 schloß die Stadt Charlottenburg mit dem Fiskus einen Vertrag über den Ausbau der Bismarckstraße. Die ursprüngliche Breite wurde von 60 auf 50 m zurückgenommen. Als Ausgleich für die Straßenbaukosten erhielt die Stadt 178,5 Morgen fiskalischen Landes zum Preise von 400 Goldmark pro Morgen. Es handelte sich dabei um einen Exerzierplatz beim Garnisonslazarett. Der Verkauf des Geländes als Bauland durch Charlottenburg sollte die Straßenbaukosten decken. Durch die Zulassung einer vierstöckigen Bebauung, in dem zuvor Landhäusern gewidmeten Gelände, sollte dieses Gebiet im Wert gesteigert werden.

Das große Spekulationsgeschäft der Stadt mit Unterstützung des preußischen Fiskus rund um den Reichskanzlerplatz (heute: Theodor-Heuss-Platz) bedurfte freilich der Vorfinanzierung. Wie bei anderen städtischen Anleihen konnten auch bei diesem städtischen Kredit die engen Beziehungen zwischen der Stadt und der Deutschen Bank genutzt werden. Auch in anderer Weise war die Bank an dem Handel beteiligt: Weite Strecken der verlängerten Bismarckstraße (Kaiserdamm) lagen auf dem Erschließungsgelände der Bank. Die Bank mußte sich verpflichten, auf dem nun wesentlich größer geplanten Reichskanzlerplatz ein repräsentatives Gebäude zum Westabschluß der Straße zu errichten. In diesem repräsentativen Wohnhaus zwischen der Heerstraße und der Reichsstraße (links im Bild), welches 1913 errichtet wurde, wohnte Richard Strauss von 1913 bis 1917. Durch das Bismarckstraßenprojekt ist die Stadt Charlottenburg in den Kreis der Großspekulanten eingetreten.

Im königlich kaiserlichen Charlottenburg wurde 1912 Erwin Barth, ein anerkannter und weitsichtiger Planer, zum Stadtgartendirektor ernannt. Er sollte die Grünflächen gestalten. Sein erstes Werk in dieser Funktion war der Karolingerplatz in Neu Westend. Ein hervorragender großzügiger Schmuckplatz, der sich merklich in seiner Gestaltung vom im Jahre 1907 gestalteten Fürstenplatz abhebt.
Auf der neuen Gartenanlage, die eines Schloßplatzes ebenbürtig ist, haben Generationen von Kindern gespielt und Erwachsene ihre Mußestunden zur Erholung genutzt. Neu Westend bereits durch viel Grün, den Grunewald und modernste Stadtplanung verwöhnt, hat mit dem schönen Platz seinen Freizeitwert erhöht.
Auf dem Foto sind viele Freiflächen, die in wenigen Jahren von der 1903 gegründeten Neu-Westend-Gesellschaft planmäßig bebaut wurden.

Der Karolingerplatz in Neu-Westend zählt zu den Schmuckstücken der Stadt Charlottenburg. Benannt seit dem 24.4.1908 nach dem fränkischen Königsgeschlecht der Karolinger. Der Name wird von Kaiser Karl dem Großen hergeleitet. Als Nachkommen des Bischofs Arnulf der Heilige wurden sie auch Arnulfinger genannt. Sie erlangten mit Pippin dem Mittleren 687 das Amt des Hausmeiers im Fränkischen Reich, mit Pippin dem Kurzen 751 die Königswürde. Dieser Platz wurde vom Gartenbaudirektor Erwin Barth 1912 entworfen und gebaut und besticht durch seine Wege, die mit Rosenbögen geziert sind. Ein idealer Platz zum Ausruhen und zum Entspannen. Auch ein Spielplatz, auf dem die Kleinen sich so wohlfühlen können, ist, wie man es hier im Bilde sieht, vorhanden. Die Kinder können nach Herzenslust buddeln, so daß sich die Erwachsenen in Ruhe unterhalten können. In der rechten Bildmitte sieht man die Rosenbögen, welche die Wege bis heute einfassen.

Zwischen 1890 und 1913 hat sich die Bevölkerung Charlottenburgs etwa vervierfacht und zählte 1914 mit 320.000 Einwohnern zu den fünf größten preußischen Städten. Die Stadt wuchs in Richtung Westen bis Neu Westend, nachdem der Kaiserdamm errichtet und die Untergrundbahn bis zum Reichskanzlerplatz geführt war. An der Kreuzung der Hamburger Verbindungsbahn mit der Döberitzer Heerstraße entstand 1909 die neue Station Kaiserdamm (später: Heerstraße). Von hier aus wurde eine neue Vorortstrecke nach Spandau zur Erschließung der im Mai jenes Jahres errichteten Rennbahn Grunewald gebaut. Diese Sportstätte trat damals an die Stelle der aufgegebenen Trabrennbahn in Westend an der Einmündung der Preußenallee in die Heerstraße. So konnte dort ein neues Wohnviertel entstehen. In der Folge entstand in der Kastanienallee ein mächtiges Bauwerk für eine Schule mit einem großen Hof. Die 1898 benannte Kastanienallee wurde mit der aus Vorderasien stammenden und seit der Eiszeit in Europa heimischen Roßkastanie (Aesculus hippocastanum) bepflanzt. Dazwischen stehen einige aus Nordamerika stammende rotblühende Kastanien (Aesculus pavia).

Bei der Planung für Neu-Westend, dem Bereich zwischen Reichs- und Heerstraße, hatte Charlottenburg mit kurvigen Straßenführungen die Formen des gerade modernen malerischen Städtebaus übernommen. 1903 wurde die Neu-Westend-Gesellschaft gegründet, welche die Aufgabe hatte, die Flächen zu bebauen. 1906 hat man den von Stübben entworfenen Bebauungsplan genehmigt. Die Planung Neu-Westends war noch von dem Ideal Einschluß von Plätzen ins Baugebiet - Karolingerplatz und Fürstenplatz - (hier im Bilde) ausgegangen. Trotz des nahen Grunewalds wurden noch Grünzüge zwischen die Bebauung eingeplant. Man baute weniger zusammenhängende sondern mehr freistehende Gebäude. Auch bedeutende Villen und Landhäuser wurden errichtet, beispielsweise von August Endell die Pension Müller in der Kastanienallee 32 (1908), Haus Nelson in der Eichenallee 15 (1910) und Haus Oskar Kühl, Akazienallee 14 (1910).

Westend, das 1891 1.800 Einwohner zählte und deren Kinder die weit entfernten Schulen nutzten, erhielt in diesem Jahr eine private Mädchenschule, die im folgenden Jahre mit einer Knabenvorschule verbunden wurde, die erste eigene Anstalt.
Für die Villenkolonie Westend war 1901 in der Bauordnung landhausmäßige Bebauung vorgeschrieben. Diese wurde aber bald aufgehoben zugunsten der Zulassung einer viergeschossigen Bebauung. Der vom Charlottenburger Magistrat erkannte Nachteil dichterer Bebauung sollte durch großzügige Platz- und Straßenanlagen ausgeglichen werden. Nach Erschließung der wohlhabenden Gegend mit Hilfe der Deutschen Bank kam es zu einer Bevölkerungsexplosion, so daß dringend weitere Schulen gebaut werden mußten. Im Jahre 1910 wurden die XXVII und danach die XXVIII Schule eröffnet.
Hier auf dem Bilde sieht man von der Reichsstraße aus in die Leistikowstraße, in der sich ein großzügiges Schulgebäude für die gehobene Mittelklasse Westends befindet.

Charlottenburg wurde die reichste Stadt Preußens mit einem Durchschnittseinkommen von 4.000 Goldmark pro Jahr. Zu einer wohlhabenden Stadt gehörte auch eine Pferderennbahn, um der gehobenen Klasse ein standesgemäßes Freizeitvergnügen zu bereiten. Man traf sich und konnte seine beste Garderobe zur Schau stellen. Man wollte glänzen und gesehen werden. Die Rennbahn Grunewald an der Einmündung der heutigen Preußenallee in die Heerstraße spiegelt den Glanz und das feudale Leben der Oberschicht im königlichen und kaiserlichen Charlottenburg wider. Herren in Frack und Zylinder, die Damen in langen Röcken und mit gewagten großartigen Hüten, der damaligen Mode entsprechend. Männer in eleganter sportlicher Kleidung und mit Reitstiefeln, die auf Hochglanz gewienert waren. Wer nicht auf den Tribünen Platz nahm, konnte auf den Rasenflächen die weißen Mehrzweckhocker nutzen, die nicht nur zum Ausruhen sondern auch zum Aufsteigen geeignet waren, um bessere Sicht während der Pferderennen zu haben.

1893 hatte der Regierungs-Bauführer Ludwig Hercher einen Plan für eine neue, großzügige und geradlinige Straßenverbindung zwischen Berlin und Spandau über Charlottenburg entwickelt. Die Idee fand besonders in militärischen Kreisen Zustimmung, konnten doch so die zahlreichen in Berlin, Charlottenburg und Spandau kasernierten Truppen zeit- und kräftesparend zu dem westlich von Spandau liegenden Manövergelände um Döberitz geschafft werden. Auch Kaiser Wilhelm II. engagierte sich für den Plan einer monumentalen, imperialen Prachtstraße zwischen der Reichshauptstadt und dem wichtigsten militärischen Übungsgelände. Die als Anlieger zu den Kosten herangezogenen Städte Spandau und Charlottenburg standen der Planung nicht nur positiv gegenüber. In Spandau fürchtete man, daß eine Straße, die mehrere Kilometer südlich am Stadtkern vorbeiführen würde, eher zum Nachteil der Stadt, besonders des im Kernbereich konzentrierten Handelns führen würde. Die Döberitzer Heerstraße (heute: Heerstraße) wurde in ihrer vollen Breite bis zum Stößensee gebaut, wo die Grenze Charlottenburgs ist.
Hier ein Blick von der Döberitzer Heer-/Ecke Rennbahnstraße (später: Reichssportfeldstraße, jetzt: Flatowallee) in Richtung S-Bahnhof Kaiserdamm (heute: S-Bahnhof Heerstraße). Diese Straße führte zur Rennbahn, eingerichtet 1908/09 vom Union-Club und dem Verein für Hindernisrennen. Diese großzügige Anlage war eine der schönsten und besteingerichteten Europas.

Die Gattinnen der Mitglieder des "Charlottenburger Schwimmvereins von 1887" (CSV) gründeten am 5. August 1893 einen der ersten Frauensportvereine des Deutschen Kaiserreiches. Obwohl von ihren Gatten nach Leibeskräften unterstützt, stießen die "Nixen" auf erhebliche moralische Vorbehalte unter den Schwimmern. Die erste öffentliche Damenschwimmveranstaltung im Deutschen Kaiserreich fand am 17. Juni 1894 im Charlottenburger Kochsee (heute zugeschüttet) statt. Dabei schützten Bademäntel die weiblichen Körper nicht nur vor Zugluft, sondern auch vor den Blicken der männlichen Zuschauer. Die Einsteigeleitern am Beckenrand waren mit Vorhängen verhüllt, um die weiblichen Waden nicht den Augen der Männer preiszugeben. Ein gegen die Frauen gerichtetes Plakat verkündete: „Dagegen protestieren wir deutschen Schwimmer. Noch sind wir nicht derartig entnervt, um uns durch solchen sinnlichen Köder einfangen zu lassen. Wir wollen von Damenschwimmerei absolut nichts wissen!" Das Drängen der Charlottenburger Damen lohnte sich: 1907 fanden die "Nixen" Aufnahme im Deutschen Schwimmverband. Auf dem Foto ist im Schwimmbad des Deutschen Stadions interessanterweise keine einzige Dame zu erblicken.

Vor mehr als zweitausend Jahren wurden in Griechenland die Olympischen Spiele "erfunden". Ein friedlicher Wettstreit sollte die Jugend Griechenlands vereinen. 1896 besann man sich auf diese Tradition und rief die Olympischen Spiele der Neuzeit ins Leben – diesmal auf internationaler Ebene. 1916 sollten sie in Berlin stattfinden. Dafür brauchte man ein "Deutsches Stadion" und ließ es im nördlichsten Teil des Grunewalds errichten. 1920 – mit Bildung der neuen Berliner Stadtgemeinde wurde dieser Teil des Grunewalds mitsamt dem Stadion dann Charlottenburg zugeschlagen. Das Stadion verfügte auch über eine Radrennbahn und ein großartiges Schwimmbad. Architekt des Deutschen Stadions war Otto March.
Kurz nachdem das Stadion fertig war, brach der Erste Weltkrieg aus. Die Olympischen Spiele wurden abgesagt und die Gebäude als Lazarett genutzt.
Im Hintergrund sieht man schon die großzügigen Bahnhofsanlagen der Stadtbahn für den erwarteten Besucherandrang.

Charlottenburg hat eine große Sporttradition. Schon früh gab es Vereine wie den Charlottenburger Turn- und Sportverein von 1858 e.V. in der Krummen Straße. Der bekannteste Verein ist der Sport-Club Charlottenburg e.V.. Am 15. September 1902 traf sich der Leiter des Spielmannzuges vom Jünglingsverein Trinitatis, Paul Martin, mit Erich Hohndorf, Karl Färber, M. Frichte, Erich Heintze, H. Wiesenack, Wilhelm Grätz, Hermann Grätz, Paul Damm, Hugo Stark, Emil Röhn, M. Zink, Alfred Beetz, Ernst Biesenthal und Fritz Pehlte. Sie gründeten den Charlottenburger Sport-Club 1902. Als Vereinsfarben wählte man Blau/Gelb, die Farben von Charlottenburg. Zuerst begnügte man sich mit dem Barlaufspiel, ein dem Einkriege ähnliches Spiel und ging dann auf die Leichtathletik über. In Witzleben entstand 1910 das erste Stadion des Clubs. Ein wichtiger Schritt war am 10. Juni 1911 die Vereinigung mit dem Sport-Club Westen 05. Unter dem neuen Namen Sport-Club Charlottenburg und den Vereinsfarben im preußischen Schwarz/Weiß wurde der Club mit dem Markenzeichen des schwarzen C auf weißem Grund sehr erfolgreich. Man war fortschrittlich. Die Damen waren von Anfang an mit dabei, wie man es hier bei einem Propagandalauf im Deutschen Stadion sehen kann.

Hier am Stößensee endet die monumentale breite Prachtstraße, die 1901 das Wohlwollen Kaiser Wilhelm II. gewann. Dadurch ist die Ostgrenze (Charlottenburger Brücke) der Stadt Charlottenburg geradlinig verbunden mit der Westgrenze (Stößenseebrücke). Somit kann man Charlottenburg über diese Ost-Wechs-Achse durchqueren. Von Ost nach West hat Charlottenburg die weiteste Ausdehnung. Der an der Stadtgrenze in einem tiefen Tal liegende Stößensee wurde durch eine Dammaufschüttung auf der Pichelsdorfer Seite und eine Brücke über den verbliebenden Kanal passierbar gemacht. Der gerade Weg nach Döberitz über Spandau war frei.

Auf dem Foto das Ende der breiten Heerstraße auf Charlottenburger Gebiet, die Stößenseebrücke und die Torbögen der Treppeneingänge zum Ufer des Sees. Dort befinden sich Anlegestellen für 17 Ausflugsdampfer der 1888 gegründeten "Dampfschiffahrts Gesellschaft Stern", der späteren "Stern- und Kreis-Schiffahrtsgesellschaft" für Spazierfahrten auf der Havel bis nach Wannsee, Kladow und Potsdam. An dieser Brücke war die Haltestelle für Bus und Straßenbahn von der aus die Charlottenburger in den Grunewald wanderten. Das Bild zeigt die Zeit vor Erschließung durch die Straßenbahn. Ein Doppeldecker-Bus beförderte die Erholungssuchenden.

Eine Straßenszene in der Rankestraße an der Kaiser-Wilhelm-Gedächtniskirche. Hier sind alle elegant gekleidet. Im Vordergrund zwei Offiziere der kaiserlichen Armee beim Flanieren mit weißen Handschuhen und Säbeln, die durch den Überrock verdeckt sind. Ein Polizeiwachtmeister mit Pickelhaube und Säbel schaut sich Zeitungen an. Der Zeitungsstand, der bis heute als einziges Gebäude dieses Fotos noch existiert, ist umlagert von vornehm gekleideten Damen mit gewagter Hutmode. Selbst das Kleinkind im Vordergrund wurde fein herausgeputzt. Rechts grüßt ein Soldat militärisch einen Offizier, der neben dem Straßenbahnfahrer im Führerstand Platz gefunden hat. Die Linie "S" fährt Richtung Hauptbahnhof-Wilmersdorf-Friedenau. Vor der Gedächtniskirche warten Kutschen auf Fahrgäste. Rechts im Bild sieht man das "Neue Romanische Haus".

Das Bild strahlt Zufriedenheit einer glücklichen Friedensphase von 1871-1914, in der das Zweite Deutsche Kaiserreich zu einem vorher nie gekannten Wohlstand aufblühte, aus. Gleichzeitig waren die Menschen durch soziale Errungenschaften, die wegweisend waren und absolute Weltspitze darstellten, abgesichert.

Am 2. September 1895 wurde die Gedächtniskirche feierlich eingeweiht. Nicht nur der Name, sondern auch der Tag der Einweihung, der 25. Jahrestag des Sieges bei Sedan, erinnern an den ersten Deutschen Kaiser des Zweiten Kaiserreiches. Seitdem beherrscht dieser Bau den Tauentzien. Ursprünglich war der Kirchbau auf dem Wittenbergplatz vorgesehen, doch der Kostenvoranschlag der Architekten lag mit 1,5 Mill. Goldmark zu hoch. Die Bürger Charlottenburgs schenkten daraufhin dem Kaiser damals das jetzige Grundstück. Der Architekt Franz Schwechten begann 1891 mit dem Bau. Der Grundstein wurde allerdings erst 1892 durch Kaiser Wilhelm II. „Zur Ehre Gottes und zum Gedächtnis meines unvergessenen Großvaters" gelegt. Schwechtens architektonisches Konzept entspricht der Spätromantik. Das Bauwerk, das "auf Anregung und thatkräftiger Mithilfe Ihrer Majestät Kaiserin Auguste Viktoria" entstehen sollte, war mit 600.000 Goldmark Baukosten veranschlagt. Diese Summe reichte jedoch bei weitem nicht aus. Mit 3.443.684 Goldmark wurde fast das sechsfache der ursprünglich vorgesehenen Summe verbaut.

Das Geläut der Glocken der Kaiser-Wilhelm-Gedächtniskirche war weithin zu hören und Teil des neuen Charlottenburger Ambientes des Kaiserreiches. Mit dem Transport der Glocken wurde die wohl größte Berliner Speditionsfirma Wilhelm Nicolai aus der Mühlenstraße 59–60 beauftragt. Die Firma war Königlicher Hofspediteur. Die Abnahme der gegossenen Glocken in der Gießerei nahm Seine Majestät Kaiser Wilhelm II. persönlich vor. Die Glocken erhielten die Namen: Auguste Victoria, Augusta, Luise, Kaiser Friedrich und Deutschland. Das Premiereläuten dieser Glocken fand am 1. September 1895 zum ersten Gemeindegottesdienst statt.
Als erster wurde der Oberkonsistorialrat Köhler auf die Pfarrstelle berufen. Der neuromanische Bau mit einem 113 Meter hohen Hauptturm und vier kleineren Ecktürmen, relativ kurzem Langhaus und breitem Querschiff wurde vom Architekten Geheimer Baurat Schwechten (1841-1924) entworfen. Da die Bildhauer-, Steinmetz-, Schmiede-, Mosaik- und Glasarbeiten zum Zeitpunkt der Einweihung noch nicht beendet waren, wurde die Kirche am 3. September wieder geschlossen. Eine Besonderheit der Kirche ist ihre Lage auf dem Platz. Sie steht zu keinem der Straßenzüge parallel.

Dort wo sich heute an der Tauentzienstraße das Europa-Center befindet, stand zur Kaiserzeit eine geschlossene Gebäudereihe mit je vier Etagen, die am Neuen Romanischen Haus in den Auguste-Viktoria-Platz (heute: Breitscheidplatz) an der Gedächtniskirche mündete. Die Berliner Bohème - u.a. Erich Mühsam, Else Lasker-Schüler und der Kreis der Frühexpressionisten, die sich bis 1900 im "Café des Westens" traf und Charlottenburgs Ruf als Kunstmetropole begründete, zog 1918 um ins Romanische Café. Man blickte auf die Rückseite des mächtigen Kirchenschiffes.
Die Tauentzienstraße entwickelte sich schnell zu einer beliebten Einkaufs- und Bummelstraße dank der vielen Kaufhäuser und Geschäfte, wie hier im Vordergrund der Laden für feine Herrenmoden von J. Israel, der internationalen Kette Anglo American. Der Wohlstand Charlottenburgs führte auch zu echten Luxusläden, zunächst am Tauentzien und später dann den Kurfürstendamm entlang. Beachtlich ist auch der überbreite Gehsteig. Er zeugt von der Weitsicht der Charlottenburger Verwaltung und vom hohen Steuereinkommen der Stadt.

Hier blickt man von der Tauentzien- in die Nürnberger Straße in Richtung Kurfürstendamm (heute: Budapester Straße). Noch ist die Tauentzienstraße keine Haupteinkaufsmeile. Die Geschäfte sind für den normalen Bedarf ausgelegt, außer dem Eckgeschäft für feine Bänder und Spitzen von G. Rosenberg. Das Eckgebäude mit seiner elegant gegliederten Fassade und Zierrat auf dem Dachsims zeigt an, daß sich hier hochherrschaftliche Wohnungen mit Erkern und Balkonen befinden. Auch die Häuser in der Nürnberger Straße hatten einen gehobenen Komfort und die Bewohner dieses Viertels konnten zu den Wohlhabenden gerechnet werden. Der Tauentzien verfügte über eine elegante Mittelpromenade, die mit zwei Reihen Gaslaternen beleuchtet war. Zusammen mit den Gaslaternen auf den Bürgersteigen strahlte nachts eine vierbahnige Lichterkette. Wer hier wohnte, lebte nahe der Kaiser-Wilhelm-Gedächtniskirche, des Kurfürstendammes und des Zoologischen Gartens im Herzen einer Metropole.

Dieser herrliche Blick in die belebte Tauentzienstraße, vom Wittenbergplatz aus Richtung Kaiser-Wilhelm-Gedächtniskirche, zeugt vom Reichtum der aufstrebenden Stadt Charlottenburg. Die pickelhaubenähnlichen Türme waren Schmuck auf den Dächern der Eckhäuser. Sie spiegeln die Liebe der Hausbesitzer zu ihrem Kaiser wider, den sie mit diesen architektonischen Spielereien erfreuten. Wer konnte ahnen, daß die gerade erbauten vier Gebäude auf der linken Bildseite in Kürze der Spitzhacke zum Opfer fallen sollten, um dem Bau des "Kaufhaus des Westens" (KaDeWe) Platz zu machen.

Noch gab es nicht den pompösen Überbau der Ein- und Ausgänge der U-Bahn in der Mitte der Bahnsteige. Die beiden U-Bahn-Ein- und Ausgänge lagen am Ende des Bahnsteiges am Fußgängerüberweg. Links am U-Bahnausgang der Fahrkartenverkaufskiosk.

Die Schaufenster der Läden der rechten Häuserfront haben ihre Markisen heruntergelassen, damit die flanierenden Passanten die Auslagen im Schatten bewundern konnten.

1855 wurde eine Alleenkette vom Knie (heute: Ernst-Reuter-Platz) zum Hermannplatz in Neukölln geplant. Diese Verbindung wurde "Generalszug" genannt, da ihre einzelnen Abschnitte die Namen der berühmtesten preußischen Generäle tragen, wie hier die Tauentzienstraße, benannt nach Bogislaw Friedrich Emanuel Graf Tauentzien, geboren am 15.9.1760 in Potsdam und gestorben am 20.2.1824 in Berlin. Als General zeichnete er sich besonders im Befreiungskrieg von der Fremdherrschaft Napoleons aus. Für die siegreiche Erstürmung Wittenbergs 1814 erhielt er den Beinamen "von Wittenberg" (daher: Wittenbergplatz). Auf dieser Prachtstraße sieht man die Zugänge zur U-Bahn. Erfreulicherweise wurde die Bahn nicht als Hochbahn geführt, denn zur Kaiser-Wilhelm-Gedächtniskirche hätte das nicht gepaßt. So entstand auf dieser, damals noch zu Charlottenburg gehörenden Straße, eine elegante Einkaufsmeile.
Noch ahnt keiner, daß die vorne links stehenden erst kürzlich errichteten Gebäude abgerissen werden, um dem großartigen Kaufhaus von Adolf Jandorf unter dem Namen „Kaufhaus des Westens" (KaDeWe) Platz zu machen. Man bewunderte den Wagemut Jandorfs, der bereits in der Wilmersdorfer Straße ein Kaufhaus hatte (später: Hertie, heute: Karstadt).

1907 wurde das vom Architekten Emil Schaudt entworfene Kaufhaus für den erfolgreichen Unternehmer Adolf Jandorf eröffnet, der schon unter seinem Familienamen das große Kaufhaus in der Wilmersdorfer-/Ecke Pestalozzistraße besaß. Sein neues Kaufhaus in der Tauentzienstraße mit dem stolzen Namen "Kaufhaus de Westens" (kurz KaDeWe genannt) am noch zu Charlottenburg gehörenden Wittenbergplatz wurde bald erste Adresse im Deutschen Kaiserreich.
Eine Alternative zu den vielen luxuriösen Kaufhäusern der Reichshauptstadt Berlin, die richtige Kauftempel waren. Das KaDeWe war von Anfang an für den gehobenen Bedarf vorgesehen und veränderte das gesamte Geschäftstreiben in dieser eleganten Wohngegend. Die Straßen schmückten sich mit Luxusgeschäften und verwandelten die bürgerliche Wohngegend bis in den Kurfürstendamm hinein in eine Hauptgeschäftszone. Das KaDeWe paßte architektonisch sehr gut zu den umgebenden Miethäusern. Später wurde es weiter aufgestockt. Die Straße ist 60 m breit.

Dieses Bild ist sicherlich kurz vor der Eröffnung des KaDeWe's im Jahre 1907 entstanden. Noch sind alle Schaufenster verhangen und der letzte Bauzaun steht noch. Wer konnte ahnen, daß dieses noch zur Stadt Charlottenburg gehörende Kaufhaus weltbekannt werden würde. Anfangs mit einer Verkaufsfläche von 24.000 qm wurde es 1927 in den Hertie-Konzern eingegliedert. 1929-31 erfolgte eine Modernisierung und Erweiterung um zwei Etagen. 1943 wurde es fast völlig zerstört. 1950 erfolgte die Wiedereröffnung, die mit dem Wiederaufbau aller sieben Etagen 1956 abgeschlossen wurde. 1976-78 weiterer Ausbau auf 44.000 qm, 1991-96 noch einmal erweitert um ein Glaskuppel-Restaurant als 8. Verkaufsetage und Vergrößerung der Verkaufsfläche auf ca. 60.000 qm, was dem Olympiastadion plus vier Fußballfeldern entspricht. Heute werden dort 380.000 verschiedene Artikel angeboten. International berühmt ist auch die Lebensmittelabteilung, die größte Europas mit 33.000 verschiedenen Produkten, 500 Mitarbeitern und 33 Verzehrständen. Insgesamt hat das Haus 2.400 Mitarbeiter. 64 Fahrtreppen und 26 Aufzüge sorgen für den Komfort der Kunden. Heute ist das KaDeWe in die Karstadt-AG integriert.

Dieses Viertel der Kleist-/Ecke Nettelbeckstraße (heute: der grüne und überbreite Mittelstreifen "An der Urania") an der Lutherstraße gehört heute nicht mehr zu Charlottenburg.
In der Kaiserzeit erfolgte auch hier eine geschlossene Bebauung mit prunkvollen Wohn- und Geschäftshäusern. Die Gürtelstraße, die sich aus der Hardenberg-, Tauentzien- und Kleiststraße entsprechend des Hobrecht-Plans bildete, sollte eine Prachtstraße werden. Leider hat durch die Hochbahn die Kleiststraße ihre elegante Ausstrahlung verloren. Vielleicht werden kommende Generationen die, das Aussehen der Straße störende Hochbahn demontieren und den Zugverkehr unterirdisch verlegen. Dadurch könnte dieser schöne Straßenzug eine Allee werden. Das Gebäude links im Bild mit der großen mit Zierschmiedearbeiten versehenen Eingangstür und breiten Fenstern zeigt, daß sich hier Wohlhabende ein "zu Hause" geschaffen haben. Dieses Gebäude hebt das Niveau der Gegend. Die Reklame für ein Musikinstitut, ein Konservatorium, Janus Flügel und Patzenhofer spiegelt dies auch wider.

Am Nollendorfplatz war bis 1938 die östliche Grenze der Stadt Charlottenburg. Seit 1864 benannt nach dem Dorf Nollendorf, wo General von Kleist 1813 einen Sieg errang und dafür zum Grafen von Nollendorf ernannt wurde. Ursprünglich ein sehr schöner Platz mit vielen Bäumen, der durch den Hochbahnbau seinen Charme verlor.
Die Charlottenburger zwangen die Bahnbetreiber die Streckenführung durch ihre Stadt unterirdisch zu legen. Wie hätten der Tauentzien, die Kaiser-Wilhelm-Gedächtniskirche, die Hardenberg-, Bismarckstraße und der Kaiserdamm mit einer Hochbahn ausgesehen? Leider hat man die historische Chance während der Zeit der Spaltung der Stadt (1961-1990), als der Streckenabschnitt Nollendorfplatz bis Gleisdreieck brach lag, zum Umbau der Hoch- zur U-Bahn verpaßt. Vielleicht kommen noch einmal Zeiten zur Stadtverschönerung.
Links im Bild das Theater am Nollendorfplatz mit dem Mozartsaal des Neuen Schauspielhauses (später: Wintergarten, heute: Metropol).

# Verzeichnis der Bilder

114 Straßenbahn-Hauptbahnhof
115 Gipsformerei
116 Fritz Müller's Restaurant
117 Schwimmbad Kochsee
118 Bahnhof Westend
119 Soorstraße/Spandauer Berg
120 Krankenhaus Westend
121 Kaserne Königin Elisabeth
122 Kurfürstendamm/Kurfürstenstraße
123 Eden-Hotel, Kurfürstendamm
124 Kurfürstendamm
125 Zoo-Eingang
126 Blick von der Gedächtniskirche
127 Das neue romanische Haus
128 Romanisches Haus
129 Luftbild Kurfürstendamm
130 Verkehr auf dem Kurfürstendamm
131 Joachimstalerstr./Kurfürstendamm
132 Augsburgerstr./Kurfürstendamm
133 Joachimstalerstraße
134 Transvaal-Ausstellung
135 Meineckestr./Kurfürstendamm
136 Restaurant zum Fasan
137 Fasanenstr./Kurfürstendamm
138 Kurfürstendamm/Uhlandstraße
139 Uhlandeck
140 Kurfürstendamm/Knesebeckstraße
141 Kurfürstendamm/Knesebeckstraße
142 Kurfürstendamm
143 Wielandstr./Kurfürstendamm
144 Kurfürstendamm mit Reitweg
145 Boarding-Palast
146 Konstanzer Str./Kurfürstendamm
147 Konstanzer-/Giesebrechtstraße
148 Olivaer Platz
149 Kurfürstendamm/Leibnizstraße
150 Kurfürstendamm/Leibnizstraße
151 Kurfürstendamm/Brandenburgische Straße
152 Clausewitzstr./Kurfürstendamm
153 Schule Sybelstraße
154 Steuerhaus an Charlottenburger Brücke
155 Charlottenburger Tor
156 Charlottenburger Tor
157 Technische Universität
158 Schiller Theater
159 Bismarckstraße am Knie
160 U-Bahnhof Bismarckstraße
161 Deutsches Opernhaus
162 Bismarckstraße
163 Bismarck-/Wilmersdorfer Str.
164 Bismarck-/Rückertstraße
165 Bismarck/Kaiser-Friedrich-Straße
166 Bismarck/Kaiser-Friedrich-Straße
167 Bismarck/Kaiser-Friedrich-Straße
168 Autohändler
169 Bismarck-/Fritschestraße
170 Bismarck-/Fritschestraße
171 Sophie-Charlotte-Platz
172 Sophie-Charlotte-Platz
173 Kaiserdamm/Suarezstraße
174 Kaiserdamm/Witzlebenstraße
175 Polizei-Präsidium Kaiserdamm
176 Kaiserdamm/Königsweg
177 Danckelmannschule
178 Sophie-Charlotte-Str./Kaiserdamm
179 Kaiserdammbrücke
180 U-Bahnhof Kaiserdamm
181 Kaiserdamm/Meerscheidtstraße
182 Kaiserdamm/Meerscheidtstraße
183 U-Bahnhof Reichskanzlerplatz
184 Restaurant Waldhaus am Kaiserdamm
185 Reichskanzlerplatz
186 Reichskanzlerplatz
187 Karolinger Platz
188 Karolinger Platz
189 Schule Kastanienallee
190 Fürsten Platz
191 Schule Leistikowstraße
192 Pferderennbahn
193 Heerstraße
194 Schwimmbad, Deutsches Stadion
195 Deutsches Stadion
196 Sport-Club Charlottenburg e.V.
197 Stößenseebrücke
198 Fußgänger an der Gedächtniskirche
199 Tauentzinstraße
200 Tauentzinstraße
201 Tauentzinstraße
202 Nürnberger-/Tauentzinstraße
203 Tauentzinstraße/Wittenbergplatz
204 Tauentzinstraße/Wittenbergplatz
205 KaDeWe am Wittenbergplatz
206 KaDeWe am Wittenbergplatz
207 Luther-/Kleiststraße
208 Nollendorfplatz

# Literaturverzeichnis


Engel, Helmut; **Charlottenburg, Residenzstadt, Großstadt, City,** Stapp Verlag, Wolfgang Stapp. Berlin 1993, ISBN 3-87776-906-3

Engel, Helmut; Jersch-Wenzel, Stefi; Treue, Wilhelm; **Charlottenburg Teil 1, Die Historische Stadt,** Nicolaische Verlagsbuchhandlung Beuermann GmbH. Berlin, 1986, ISBN 3-87584-167-0

Fischer, Edmund; Eckler, Walter; Scholtze, Gisela; **Erzählungen aus der Geschichte Charlottenburgs,** Colloquium Verlag Berlin, 1987, ISBN 3-7678-0683-5

Grothe, Jürgen; **Verkehr in Berlin, Band I,** Haude & Spener, Berlin, 1987, ISBN 3-7759-0294-5

Grothe, Jürgen; **Verkehr in Berlin, Band II,** Haude & Spener, Berlin 1988, ISBN 3-7759-0313-5

Grzywatz, Bertold; **Das Rathaus Charlottenburg,** Stapp Verlag, Wolfgang Stapp, Berlin, 1989, ISBN 3-87776-055-4

Gundlach, Wilhelm; **Geschichte der Stadt Charlottenburg,** 2 Bände, Charlottenburg, 1905

Harenberg, Bodo; **Chronik Berlin,** Chronik Verlag in der Harenberg Kommunikation Verlags- und Mediengesellschaft mbH. & Co. KG, Dortmund 1986, ISBN 3-88379-082-6

Hopfe, Christian; **Archivbilder Berlin-Charlottenburg,** Sutton Verlag GmbH. Erfurt, 2002, ISBN 3-89702-442-X

Hubmann, Franz; **Das Deutsche Familienalbum,** Verlag Fritz Molden, Wien-München-Zürich , 1972, ISBN 3-217-00447-7

Hülsberger, Henrike; **Charlottenburg ist wirklich eine Stadt,** Edition Divan, Berlin, 1987, ISBN 3-925683-4-6

Hülsberger, Henrike; **Die Tagebücher und Chroniken des Charlottenburger Pfarrers J. Ch. G. Dressel,** in: Mitteilungen des Vereins für die Geschichte Berlins 81, H. 3 (1985), S. 298-303

Jochens, Birgit; **Charlottenburg in historischen Postkarten,** Jaron Verlag GmbH., Berlin 1997 ISBN 3-932202-26-0

Kordon, Klaus; **Bei uns in Charlottenburg,** Geschichte in Geschichten, Stapp Verlag Wolfgang Stapp, Berlin 1992, ISBN 3-87776-059-7

Kraatz, Wilhelm; **Geschichte der Luisengemeinde zu Charlottenburg,** Selbstverlag der Luisengemeinde, Charlottenburg, 1916

Kürschner, Joseph; **Der große Krieg 1870-71 in Zeitberichten,** Tagebuch des deutsch-französischen Krieges. Hermann Hillger Verlag Berlin, Eisenach, Leipzig, Chicago, ohne Datum, ca. 1875

Prösel, Susan; Kremin, Michael; **Berlin um 1700, Die Idealstadt Charlottenburg,** Publica Verlagsgesellschaft in Berlin mbH., Berlin 1984, ISBN 3-89087-008-2

Reichardt, Hans D.; **Berliner U-Bahn,** Alba Buchverlag, Düsseldorf, 5. Auflage, November 1976, ISBN 3-87094-305-X

Scholtze, Gisela; **Charlottenburg und seine Straßen, Straßennamen im Spiegel der Zeiten,** Edition Hentrich, Berlin, 1993, ISBN 3-89468-040-7

Schütte, Dieter; **Charlottenburg, Geschichte der Berliner Verwaltungsbezirke Band 1,** Colloquium Verlag GmbH. Berlin, 1988, ISBN 3-7678-0711-4

Ribbe, Wolfgang; **Von der Residenz zur City,** 250 Jahre Charlottenburg, Colloquim Verlag Berlin, 1980, ISBN 3-7678-0513-8

Dr. Sichelschmidt, Gustav; **Charlottenburg in alten Ansichten,** Europäische Bibliothek-Zaltbommel/Die Niederlande MCMLXXVI, 1976

Sperlich, M.; **Perspektivische Architektur im Schloß Charlottenburg,** in: Architektur, Stadt und Politik, Julius Posener zum 75. Geburtstag, Gießen, 1979

Steinberg,Gisela; **Berlin-Charlottenburg,** Postkarten aus dem alten Berlin, Antiquariats-Presse Berlin Schöneberg, 1982

Viktoria Luise, Herzogin; **Ein Leben als Tochter des Kaisers,** Göttinger Verlagsanstalt, 1977, ISBN 3-87267-020-4

Waldorf-Astoria; **Uniformen der Alten Armee,** Waldorf Astoria Zigarettenfabrik GmbH. München, Bildersammelalbum, ca. 1930

Wille, Klaus-Dieter; **Spaziergänge in Charlottenburg,** Haude & Spenersche Verlagsbuchhandlung GmbH. Berlin, 1992, ISBN 3-7759-0373-9

## Die Autoren

**Clemens-Maria Peuser,** geboren am 15.1.1947 in Berlin-Dahlem, ist in Berlin-Charlottenburg aufgewachsen. Sein Vater Arthur Peuser stammt aus Jüterbog und seine Mutter Anna Peuser geb. Delius aus Staßfurt. Der Autor verbrachte seine Kindheit und Jugend in Charlottenburg. Als gelernter Maler und Lackierer ist er seit 1963 bis heute in diesem Handwerk tätig. In den Jahren 1968 – 1970 fuhr er bei den Reedereien Hapag-Lloyd und Hamburg-Süd zur See. Die Reisen führten ihn nach West- und Zentralafrika, Kanada, die Großen Seen, Mittelamerika, Westküste Nord- und Südamerika. 1971 zog er von Charlottenburg ins Schwabenland in die Ortschaft Remshalden-Grunbach um, wo er eine Eigentumswohnung erwarb. Erst war er ein Jahr in Stuttgart und danach seit 1972 ohne Unterbrechung bis heute für die Firma Leibbrand/Schorndorf tätig. Verheiratet mit Cornelia und Vater von René.

Vor über 3 Jahrzehnten begann er Postkarten von Charlottenburg zu sammeln. Dieses Hobby, welches mit viel Zeit, Reisen und finanziellen Opfern verbunden ist, führte ihn kreuz und quer durch Deutschland zu den bekannten Postkartenbörsen und Postkarten-Fachhändlern. In diesen Kreisen ist er landesweit bekannt als Spezialist zum Thema Charlottenburg. Nicht nur Postkarten begeistern ihn, sondern auch Literatur und historische Unterlagen seines Heimatbezirkes.

Er steht ständig im Kontakt mit dem Heimatmuseum Charlottenburg, hat seine Postkarten für Fachliteratur und Ausstellungen zur Verfügung gestellt und ist heute der anerkannte und geschätzte Fachmann auf diesem Wissensgebiet.

Man darf annehmen, daß der Autor heute die umfangreichste Charlottenburg-Sammlung hat, die er noch weiter ausbaut. Das Heimatmuseum Charlottenburg bekommt stets Kopien seiner Neuerwerbungen und sicherlich werden seine Originale eines Tages dem Museum überlassen werden.

**Michael Peuser,** geboren am 3.12.1943 in Berlin Dahlem, ist in Berlin-Charlottenburg aufgewachsen. 1968 von der Firma Schering AG als Berater zur Degussa nach Brasilien entsandt. Nachdem er verschiedene Betriebe in Brasilien aufgebaut hatte, wurde er Unternehmer im chemisch/pharmazeutischen Bereich. Verheiratet mit Mechtild-Maria und Vater von Oliver und Patricia. Als Erfinder wurden ihm in über 30 Ländern Patente erteilt. 1981 wurde er Staatspreisträger in Brasilien. Der Bundespräsident verlieh ihm 1992 das Bundesverdienstkreuz. Ehrenamtlich leitet er seit 1982 als Präsident das Kolpinghaus São Paulo, ein großes Begegnungszentrum in Brasilien. Für dieses Amt wurde er im Jahre 2004 zum 12. Mal gewählt. Vor 1982 war er bereits 10 Jahre Vizepräsident. Vom Kolpinghaus São Paulo ausgehend entstand ab 1968 das brasilianische Kolpingwerk, das heute über 300 Zentren mit über 30.000 Mitgliedern in Brasilien unterhält. Das brasilianische Kolpingwerk wurde Vorbild für ähnliche Gründungen in mehr als 60 Ländern, wo ebenfalls hervorragende Berufsausbildung geleistet wird. Er ist Beirat im VDI Brasiliens und stellvertretender Sprecher der deutschsprachigen Körperschaften in der größten deutschen Industriestadt der Welt: São Paulo. Mitbegründer des Europa-Forums und des Skatverbandes des Staates São Paulo. Als Autor der Bücher "Krebs, wo ist dein Sieg?", "Aloe, Kaiserin der Heilpflanzen" und "Kapillaren bestimmen unser Schicksal" hat er sich als Aloe-Forscher einen international bekannten Namen gemacht, besonders durch seine "Kapillaren-Lehre", welche die Ursachen von über 100 Krankheiten aufdeckt und den Wirkmechanismus der Heilpflanze Aloe bei diesen Krankheiten erklärbar macht. Bisher wurde er zu über 250 Vorträgen nach Deutschland, Österreich, der Schweiz, Italien und Griechenland sowie verschiedenen Fernsehsendungen eingeladen. In der ARD-Sendung "Fliege" wurde er vom Moderator Jürgen Fliege als "Aloe-Papst" vorgestellt und löste eine Welle, man kann sagen eine Aloe-Revolution in Deutschland, Österreich und der Schweiz aus. Heute ist die Aloe in aller Munde.

Er ist Autor für Fachzeitschriften, Zeitungen und von Bild und Text im DER GROSSE BROCKHAUS. Durch seine zahlreichen Veröffentlichungen hat er sich einen Namen gemacht im Gebiet der Geschichte Deutschlands und Brasiliens und stellte für diesen Bildband sein Wissen über Charlottenburg für die Bildunterschriften zur Verfügung.

SPANDAU
Stadt
Neu
Zitadelle
Haselhorst
Exerzier
Platz
Plan
Paulstern
Sternfeld
Ruhleben
Laborat.
Exerzier
Platz
Stresow
Westend
CHARLOTTEN
BURG
Tiefwerder
Pichelsdorf
Pichelswerder
Pichelsberg
Stössensee
Scharfe Lanke
Schildhorn
K Ö N I G L
Halensee
Grunewald
Westend
Terraingeschaft
der Deutschen Bank
AUSWANDERER Bhf.
Bhf. SPANDAU
Bhf. JUNGFERNHEIDE
Bhf. CHARLOTTENBURG
Bhf. WESTEND
Bhf. HALENSEE
Spree
Havel
Chaussee
Spandauer
Bismarck
Kaiserdamm
Königs Damm
Hühner
Werder
Fürstenbrunn
Lietzower Wiesen
Weinmeisterhorn
Villa Rothenbücher
Kuhhorn
Dachs Bg.
Gas Anst.
Plötz
Wilm
do